JN438377

바다 같은 삶을 꿈꾸며

강길중 칼럼집

오늘의문학사

바다 같은 삶을 꿈꾸며

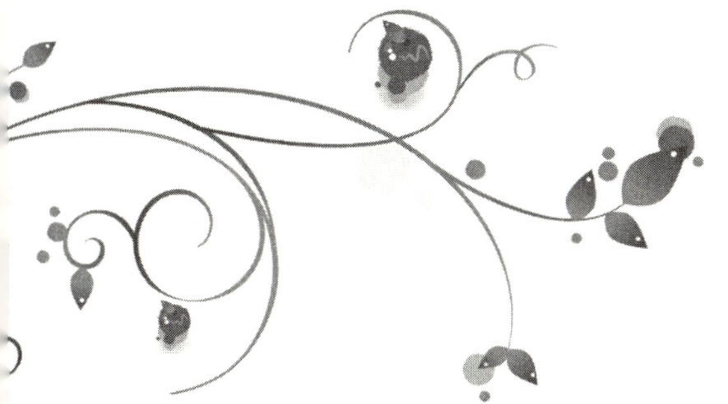

● 책 머리에

2년 전, 지역의 모 일간지에서 2주일에 한 번씩 칼럼을 써 달라는 제안이 들어왔다. 평소에 글이라고 써본 것이라고는 축사, 격려사 말고는 글다운 글을 써보지 않은 터라 정중하게 고사를 했다. 그럼에도 불구하고 더 간곡하게 6개월만 써 달라는 것이다. 어쩔 수 없이 그렇게 하기로 하고 칼럼을 쓰게 된 것이 1년 6개월이 되었다. 그동안 신문지상에 발표된 칼럼의 수가 40여 편이 되면서 살짝 욕심이 생겼다. 마침 6월 말이면 33년여의 긴 공직생활을 마무리 하게 되는 마당에 칼럼을 모아 퇴직기념으로 책으로 발간하는 것도 좋겠다는 생각이 들었다.

그동안 써온 칼럼만을 가지고 책을 만들기에는 무언가 부족하다는 생각이 들면서 동료들의 도움을 받는다면 더 의미가 있는 책을 만들 수 있겠다는 생각이 들었다. 그래서 필자가 쓴 칼럼에는 같이 근무를 했던 직원에게 삽화를 부탁 했고, 또 다른 직원들에게는 퇴직하는 필자에게 해주고 싶은 글이나, 필자와 관련된 에피소드가 있으면 원고를 보내달라는 메일을 보냈다. 50여명의 많은 직원들이 생생한 옛 추억을 고스란히 떠올리게 하는 주옥같은 글들을 보내 주었다. 흔쾌히 삽화를 그려준 이연훈씨와 원고를 보내준 직원 모두에게 진심으로 고맙다는 인사를 드리고, 특히 이 소식을 듣고 멀리 서울에서 특별히 원고를 보내주신 농협중앙회 이강을 상무님께 감사를 드린다. 그리고 졸필을 책으로 엮어주신 '오늘의 문학사' 리헌석 대표님께도 고맙다는 말씀을 전해 드리고 싶다.

지금은 고인이 되신 박완서 선생님의 마지막 에세이 '못 가본 길이 더 아름답다'라는 산문집의 제목처럼 필자도 이제 공직의 길이 아닌 지금까지 가보지 않았던 더 아름다운 제2의 인생의 길을 가려 한다. 호기심도 생기는가 하면 또 한편으로는 두렵다는 마음도 든다. 그렇지만 피할 수 없는 길이기에 즐거운 마음으로 받아들이고 싶다.

공직생활 33년 동안 함께 해준 선후배 동료 공직자 여러분들에게 고맙다는 말씀을 드린다. 그리고 오로지 남편만을 위해 모든 것을 참아내며 뒷바라지해준, 그래서 죽을 때까지 사랑을 주어도 부족할 사랑하는 아내와, 결혼해서 예쁜 외손자 정훈이까지 안겨준 딸 내외, 그리고 세상에서 가장 멋쟁이 아들에게 이 한 권의 책을 퇴직 기념으로 안겨주고 싶다.

2011년 6월 집무실에서

강 길 중

바다 같은 삶을 꿈꾸며

제1부 유종의 미

제2부 나눔과 사랑

바다 같은 삶을 꿈꾸며

제3부 강길중, 당신을 사랑합니다

바다 같은 삶을 꿈꾸며

1부

유종의 미

화향천리(花香千里) 정향만리(情香萬里)

공직생활을 시작한 지 30여 년이 넘었다. 군대식 표현대로라면 공직사회에서 필자보다 '잔 밥그릇'을 더 많이 비운 사람도 그리 많지 않을 것이라는 생각을 해본다. 그만큼 자리를 옮겨 다닌 횟수도 손가락으로 꼽을 수 없을 정도로 많아서 인사기록카드를 펼쳐놓고 일일이 확인하지 않고서는 그동안 어느 부서를 다녔었는지를 기억만으로 헤아려 본다는 것은 분명 무리가 있다. 누구를 막론하고 승진할 때에는 당연히 자리를 옮겨야 하고, 때에 따라서는 승진이 아니더라도 조직운영상 부득이하게 자리를 옮겨야 할 때도 많이 있다. 먹고 살기가 어려웠던 '80년대 이전까지만 해도 그리 흔한 광경은 아니었지만 살림살이가 나아지기 시작해서인지 요즈음 인사 때면 흔히 볼 수 있는 현상이 한 가지 있다.

인사 발표가 있고나서는 청내 복도에는 꽃바구니와 난 화분을 든 꽃집 종업원들의 발걸음이 바빠지기 시작한다. 그래서인지 업무협의차 자리를 옮긴 실국장들 사무실을 들르게 될 때면 방 앞에 도착하기 전부터 은은하게 풍겨오는 꽃향기가 코끝을 찌르면서 폐부(肺腑) 깊숙이 배어 들어오는 느낌을 받는다. 당연히 사무실 안과 밖은 말할 것도 없이 온통 축하 난 화분으로 발 디딜 틈이 없다. 그런데 그 화분들을 살펴보면 서양 난처럼 시각적으로는 아름답게 보이지만 향기가 나지 않는 것이 있는가 하면, 우리나라 전통의 동양 난처럼 뛰어나게 아름답다고는 할 수 없어도 그 향기만큼은 외형적 아름다움을 능가하는 그런 종류의 난들이 있다.

얼마 전 볼 일이 있어 진천에 갔다가 점심시간이 되어 근처 쌀밥이 맛있다고 소문난 식당을 들어간 적이 있다. 식사를 주문하고 일행과 잠시 대화를 나누고 있는데 홀 한가운데서 천정을 떠받치고 서있는 4각 기둥의 한쪽 면에 걸려있는 액자에 시선이 고정되고 말았다. 그 액자에는 이름이 잘 알려진 유명한 서예가가 쓴 것 같지는 않았지만 정갈한 서체로 '화향천리(花香千里) 정향만리(情香萬里)'라는 글이 쓰여 있었다. 진즉에 알고 있었던 글은 아니었지만 어려운 한자가 들어있지 않아 필자의 짧은 한자 지식만을 가지고도 금방 그 내용을 읽어 낼 수 있었다. '꽃은 향기로워서 그 향기가 천리를 가고, 사람 마음의 향기는 만리를 간다'는 뜻일 것이라고 나름대로 해석을 해보았다. 꽃을 외면(外面)이라 치면, 마음의 향기는 내면(內面)이라 할 수 있을 것이다. 즉, 겉

모습 보다는 속마음이 더 중요하다는 뜻이 아닐까 하는 생각을 하면서 몇 번이고 몇 번이고 되뇌어 보았다. 그렇다. 사람에게서 나는 향기는 비록 눈에는 보이지 않을지 모르지만, 은은하게 코끝을 파고드는 동양란의 향기보다도 더 감미로워서 그 향기가 만 리를 간다고 비유적으로 표현했으니 이 얼마나 멋진 글이 아닌가 하는 생각을 하게 되었다.

우리 주변에서 상대방에 대한 배려는 안중에도 없고 오로지 자신만의 이익을 추구하려는 사람들을 어렵지 않게 볼 수 있다. 말할 것도 없이 그런 사람들은 자신만이 최고라고 생각하며 착각 속에 살고 있다는 것조차도 모른다. 정향(情香)이란 결코, 재산이 많아서, 지위가 높아서, 그리고 한류(韓流) 열풍의 주인공들처럼 잘생겨서 나오는 것은 아닐 것이다. 가진 것은 많지 않지만, 지위는 높지 않지만, 잘 생기지는 않았지만 역지사지(易地思之)하는 입장에서 상대방을 배려할 줄 알고, 마음 씀씀이나 행동을 진심으로 할 때 사람들은 자연스레 그를 믿고 따르면서 기억하게 될 것이다. 이럴 때 풍겨 나오는 향기야말로 진정한 정향으로 그 향기는 천리만리 퍼져 나갈 것이며, 이처럼 정향이 넘쳐나는 사람들이 많아질 때 우리 조직과 사회는 더욱더 건강한 방향으로 발전할 수 있을 것이다.

자연에서 배우는'노블레스 오블리주'

근무를 하다보면 간혹 머리가 지근지근거릴 때가 있다. 이럴 때 잠시 일손을 멈추고 창밖을 내다보면 그래도 한결 머리가 개운해지는 느낌이 들곤 한다. 창밖 멀리로는 우암산의 끝자락이 올려다 보이고, 가깝게는 꽃샘추위를 잘도 이겨내면서 봄을 재촉하던 목련꽃 나무가 눈 아래로 내려다보인다. 겨우내 추위에 들킬까봐 털 코트 속에 꽁꽁 숨어 있다가 이른 봄 따스하게 내리쬐던 봄 햇살을 끌어안고는 이때다 싶었던지 잎이 채 피어나기도 전에 털옷을 훌훌 벗어버리고 눈이 시리도록 흰 순백색의 꽃망울을 터트려 지나가는 이들에게 즐거움을 주던 나무다. 그러고는 단 며칠도 버티지 못하고 꽃잎이 이내 후줄근해지면서 짧은 생을 마감하고는 아래로 곤두박질쳤던 그런 목련꽃이다. 그나마 꽃이 떨어지고 난 빈자리는 꽃보다 늦게 세상 밖으로 나온 목련 나뭇잎들이 흰백색의 꽃을 대신해 여름내 푸르름을 자랑하곤 했었다. 그런데 언제부턴가 그 초록색 잎마저도 기온이 내려가면서 노란색으로 변해가더니 가늘게 불어오는 실바람조차도 이겨내지 못하고 먼저 떠난 목련꽃의 뒤를 따라 한잎 두잎 아래로 떨어지고 있다.

며칠 전 업무와 관련한 연찬회가 단양에서 열리게 되어 만추의 계절 가을에 단양을 다시 찾아가 볼 기회가 있었다. 사무실에서는 기껏해야 유리창 밖으로 우암산자락의 나무들과, 창문 아래로 내려다보이는 목련꽃나무의 변해가는 모습으로 계절의 변화를 느끼곤 했었다. 그러나 단양의 산과 들을 눈으로 직접 보고나니 사무실에서 보는 가을의 맛과는 사뭇 다른 느낌으로 다가왔다. 가을은 생각했던 것보다 훨씬 더 오래 전에, 어쩜 여름이 다 가기 전부터 우리들 곁에 먼저 와 기다리고 있었던 것 같다. 소백산 비로봉 정상에서부터 시작한 그림물감이 아래로 흘러내리다가는 산허리를 싹뚝 잘라 만들어 놓은 큰 길도 훌쩍 뛰어넘고, 충주호에 띄워놓은 단풍잎을 징검다리 삼아 강을 단숨에 건너서는 세상을 온통 색동얼룩으로 물들여 놓고 있었다. 그런가하면 도로변에는 노랗게 물든 은행나무 잎들이 길 옆에 옹기종기 모여 있다가는 사고라도 낼 것 같은 속력으로 질주하는 차량을 정지 시키려는 듯 달리는 차량의 꽁무니를 무리지어 한참이나 따라가다 지친 듯 한옆으로 물러나곤 한다. 이렇듯 단양의 가을은 깊어갈수록

한 폭의 그림으로 완성되어가고 있었다.

자연은 정말 위대하다는 생각이 든다. 봄을 알리는 화신은 남쪽의 양지바른 곳에서 북쪽으로, 그리고 낮은 곳에서 높은 곳으로 올라가며 삼천리 금수강산에 불을 지피기 시작했었다. 그런데 가을은 그 반대로 북쪽에서 시작해서 남쪽으로, 그리고 높은 곳에서 낮은 곳으로 색칠을 하면서 내려온다. 이 얼마나 공평한 일인가? 자연은 이처럼 누가 가르쳐주지 않았어도 봄이 가면 여름이 오고, 또 가을이 지나면 어김없이 겨울이 온다. 또한 자연은 물러 날 때가 되면 더 이상 욕심내지도 않고 미련 없이 물러날 줄 안다. 그런데 우리 인간들의 삶은 어떠한가? 가진 사람들이 더 가지려 하고, 더 높은 자리로 오르기 위해 온갖 수단과 방법을 가리지 않으면서 사리사욕을 채워가고 있는 안타가운 모습을 종종 볼 수 있다. 엊그제 모 신문에 발표된 19세 청소년들을 대상으로 한 여론조사 결과에서도 공정사회를 이룩하기 위해 필요한 것이 무엇이냐는 설문에 지도층의 도덕적 의무, 즉 '노블레스 오블리주' 정신이라고 응답한 청소년이 37.9%로 가장 많았다고 한다. 기성세대인 우리 모두는 한번쯤 가슴에 손을 얹고 반성해 볼 일이다. 결코 더하지도 탐내지도 않으면서 솔선수범 하며 사는 방법을 자연에게서 꼭 배워야 할 것 같다.

비자금(秘資金) 해프닝

비자금에 관한 애기는 어제오늘의 일이 아닌 것 같다. 또한 조성과 쓰임이 다를 뿐 지위고하(地位高下)도 가리지 않는 것 같다. 국어사전에서는 비자금을 무역과 계약 등의 거래에서 관례적으로 발생하는 리베이트와 커미션, 그리고 회계처리 조작으로 인해 생겨난 부정한 돈을 세금추적이 불가능하도록 특별 관리해둔 자금을 통 털어 말한다고 되어 있다. 그러나 오늘날 통용되고 있는 비자금은 사전적 의미의 뜻 이외에, 검은돈이 아니더라도 은밀히 사용하기 위해 별도관리하고 있는 돈까지를 포함하고 있는 것 같다. 그래서인지 유명 정치인들은 물론이고 대기업의 고위층, 심지어는 박봉에 시달리는 샐러리맨들과 주부들까지도 비자금 사건의 주인공으로 등장하고 있다. 오늘은 뒷거래를 위한 부정한 돈이 아닌, 평범한 서민들의 비자금에 관한 얘기를 해 보고자 한다. 아쉽게도 우리나라 통계는 찾을 수 없었지만 지난 4월 9일 중경상보(重慶商報)에 발표되었다는 중국의 사례를 보면 '아내 몰래 비자금을 관리하고 있다'는 응답자가 44.1%이고, '비자금이 없으면 비참해진다'는 답변이 17.2%였다고 한다. 결국 응답자의 61.3%가 비자금을 갖고 있는 것으로 조사되었다고 한다. 아마 우리나라의 사례도 별반 차이가 없을 것이라는 생각이 든다.

며칠 전 모임이 있어 평소보다 조금 늦게 집에 들어갔다. 옷을 갈아입고 집사람과 마주 앉아, 2월 초 결혼식을 올린 딸아이의 알콩달콩 살아가는 얘기를 시작으로, 세상 돌아가는 이런 저런 대화를 나누고 있었다. 그런데 갑자기 집식구가 옷장 서랍을 정리하다 봉투 하나를 발견했는데 어찌된 것이냐고 물어왔다. 얼른 생각이 떠오르지 않았다. 원래 가진 것 없이 출발한 결혼 생활이라 박봉(薄俸)의 일정액을 비자금으로 떼어놓고 쓸 만한 여유가 없었기 때문에, 결혼할 때부터 골치 아픈 가계는 집식구가 전담하고, 필자는 그저 월급봉투를 아내에게 맡기는 대신 쓸 만큼만 알아서 쓰면 되는 상호 신뢰하는 그런 가정 경제시스템이었다. 그런 시스템에서 비자금 봉투가 발견 되었으니, 잘못하다간 부부간 신뢰(信賴)가 깨지는 것은 시간문제일 것 같았다. 기억을 더듬어 보았다. 그랬었다. 지난 2월 초 딸아이의 결혼식이 있었는데, 그 소식을 나중에야 알게 된 지인(知人) 몇 분이 그때 참석하지 못해 미안하다며, 축의금 봉투를 시나브로 보내오고 있었다. 본의 아니게 이 봉투들을 하나로 합쳐 서랍에 넣어 두고는 깜박 잊어 버리고 말았던 것이다. 봉투를 그때그때 집식구에게 전해 주지 못했던 것이 화(禍)를 부른 꼴이 되고 말았다. 그런데도 이런 자초지종(自初至終)을 듣고 난 식구는 평소 남편의 행동을 믿어온(?) 터이기에 고개를 끄덕이고 이해해 줌으로써 비자금 사건은 해프닝으로 끝나고 말았다.

요즈음 6.2 전국동시 지방선거가 코앞으로 다가오면서 차명계좌 등을 이용한 비자금 관련 뉴스들이 심심찮게 언론에 오르내리고 있다. 모 자치단체 수장(首長)은 재선거 불출마를 선언하는가 하면, 검은 돈 가방을 전달하려다 발각된 모 자치단체장은 사정당국에 구속되는 모습을 보면서 씁쓸한 연민(憐憫)의 정을 느끼게 된다. 과연 우리사회에서 이런 검은돈의 뒷거래가 없어지는 날은 언제가 될는지? 검은돈의 뒷거래가 없는, 투명한 사회가 될 때 우리나라의 국격(國格)도 자연스럽게 높아질 수 있으리라는 생각을 갖기 때문이다. 바라건대 앞으로는 국어사전에 비자금이란 '평범한 사람들이 사랑하는 사람을 위해 조그마한 선물이라도 해줄 요량으로 남몰래 조성하는 돈'이라고 기록되기를 진심으로 기대해 본다.

춘래불사춘(春來不似春)

봄을 시샘하려는 듯 막바지 꽃샘추위가 극성을 부리고 있다. 기상 전망에 의하면 이런 꽃샘추위가 앞으로도 더 있을 것이라고 예보하면서, 자연스럽게 벚꽃의 개화 시기도 5~6일 정도 늦을 것이라고 한다. 이처럼 금년 겨울은 그 어느 해 겨울과는 사뭇 다른 겨울이었던 것 같다. 특히 우리나라의 겨울 날씨를 3한4온이라고 함축적으로 표현할 때 더 그런 생각이 든다. 예년에 비해 눈도 많이 내렸을 뿐 아니라, 덩달아 영하권으로 내려간 수은주는 다시는 영상으로 올라오지 않을 것 같은 맹추위가 계속되기도 했다. 여기에 그치지 않고 겨울답지 않게 비오는 날도 많았던 그런 겨울이었던 같다. 그러다 보니 햇빛을 볼 수 있었던 날이 많지 않았던 것은 어쩌면 당연한 것이 아닌가 하는 생각이 든다.

특히 모처럼 가족과 함께 산이나 들로 나갈 계획을 세우는 주말과 휴일이 더 그랬던 것 같다.

그런 가운데서도 지난 주말에는 집 사람과 아들과 함께 집 근처에 있는 구룡산(九龍山) 산책길에 올랐다. 어찌 보면 산이라고 하기에는 좀처럼 어울리지 않을 것 같은, 그렇지만 어머니의 따뜻한 품속 같은 포근함을 안겨주는 그런 산이다. 얼마 전 내렸던 폭설로 산 구석구석이 온통 흰색이려니 했더니만, 이어 내려준 비 때문이었던지 빛이 잘 들지 않는 응달진 몇 군데 남아 있는 잔설(殘雪)을 제외하고는 언제 눈이 왔었는지를 가늠할 수 없을 정도로 말끔하게 다 녹아 버렸다. 게다가 가끔씩 불어오는 바람조차도 살이 에일 듯 매섭게 불어대던 찬바람이 아니라 싱그러운 봄 내음을 흠뻑 머금은 채로 얼굴을 간지럽게 마사지 해주는 그런 바람으로 불어오고 있었다. 계절의 변화 앞에는 제 아무리 지독한 동장군(冬將軍)도 어쩔 수 없었는가 보다.

구룡산 나무들도 겨우내 추위 속에서 나목(裸木)인 채로 떨고서 있었을 것이라고 상상하며 산을 올라서 그런지 길 양옆 나무들을 보며 놀라지 않을 수 없었다. 매서운 한파를 잘도 견뎌내는 끈질긴 생명력으로 대표되는 인동초(忍冬草)같이, 그 지루하고 길었던 엄동설한(嚴冬雪寒)을 잘도 이겨낸 나무들이 어느새 새로운 생명의 움을 틔워내기 위해 기지개를 켜고 있었기 때문이었다. 진달래 꽃 나무가 그랬고, 싸리나무도 그랬다. 더 자세히 들여다보니, 마치 방금 시집온 새색시가 수줍은 듯 가냘픈 두 손으로 얼굴을 가린 채 벌어진 손가락 틈새 사이로 주위를 조심스럽게 살피는 모습처럼, 이미 도톰해진 꽃 봉우리는 날씨만 도와준다면 금방이라도 꽃망울을 활짝 터뜨릴 것 같은 채비를 서두르고 있었다. 역시 봄은 살아있는 모든 생명들에게 새로운 희망과 활력을 불어넣는 그런 계절임에 틀림이 없는 것 같다.

"춘래불사춘(春來不似春)"이라는 중국의 고사성어(故事成語)가 생각이 난다. 이는 사회가 혼란스러울 때, 계절적으로는 분명 봄이지만 봄이 오지 않은 것 같다는 역설적 표현일 것이다. 요즈음 우리가 살아가고 있는 이 사회도 진정한 의미의 봄이 가져다주는 희망과 생명력이 넘쳐나는 이미지와는 거리가 있어 보이는, 어찌 보면 이와는 정 반대로 가고 있는 것이 아닌가 하는 생각을 버릴 수 없다. 아마도 6.2 지방선거가 코앞으로 다가오면서 더 그런 것 같다. 상식적으로 선거란 지역주민 스스로 자기가 살고 있는 지역의 발전을 위해 사심(私心)없이 열심히 일할 수 있는 인물을 뽑는 것이라고 볼 때 더욱 더 그런 생각이 든다. 어찌 되었든, 이번 6.2 지방선거에서는 정말로 일 잘할 수 있는 그런 인물들이 선출되었으면 한다. 올바른 일꾼을 뽑을 책임은 바로 유권자인 우리 모두의 몫이기 때문에 우리 모두는 정말 중요한 선택을 해야만 할 것 같다.

공직자의 처신(處身)

공직에 발을 들여 놓은 지 금년으로 32년째를 맞는다. 강산이 변해도 세 번이 넘게 변할 만큼 짧지 않은 긴 세월이다. '70년대 초 공업입국의 기치 아래 온 국민이 잘 살아보자고 허리띠를 동여매고 새마을 노래를 부르던 그런 시절에 공업고등학교를 졸업했고, 전공을 따라 울산에 있는 기업체의 실험실에서 2년 남짓 근무하다가 군에 입대하게 되었다. 3년여의 군 생활이 끝나갈 때가 되면서, 사회로 돌아가서는 무엇을, 어떻게 하며 살아갈까를 고민하지 않을 수 없었다. 입대 전 근무하던 곳으로 다시 돌아갈까 생각도 해 보았지만 아무래도 적성에 맞지 않는 것 같아 썩 마음이 내키지 않았다. 그렇다면 무엇을 할까 망설이다 조금은 무모하지만 공무원 시험에 도전하기로 했다. 막상 결정은 했지만

7급과 9급을 놓고 또 한 차례 고민해야 했다. 9급 시험을 보기에는 연령적으로 좀 늦은 감이 없지 않았다. 그래서 내린 결단이 기본은 모자라지만 부족한 부분은 채워나가기로 하고 과감하게 7급(당시는 4급 을류)에 도전하기로 했다. 책과 씨름하면서 두 번의 쓴 고배를 마신 후에야 간신히 합격할 수 있었고, 공직에 들어 온 후에는 오로지 한 우물만을 파오면서 정신없이 살아오다 보니 벌써 이렇게 되었나 착각할 정도로 시간이 흘러 이제 퇴직이 눈앞에 가까이 와 있음을 실감하고 있다. 지나온 공직생활을 되돌아보면 보람도 후회도 많았던 시간이다. 그런 가운데서도 지금까지 참으로 용케도 견뎌낼 수 있도록 도와주신 주변의 모든 분들에게 감사할 따름이다.

공무원 사회에서는 매년 1월과 7월은 30~40년 공직에 몸 바쳐 온 선배 공무원들이 퇴직을 하면서 자연스럽게 후배 공무원들의 정기 인사로 이어진다. 이때가 되면 공직사회도 술렁이면서 나타나는 일반적인 현상이 있다. 주어진 일에도 충실하고 선배, 동료, 후배들과 대인관계도 좋은 부류의 직원들은 각 부서의 관리자들이 서로 자기 부서에서 같이 근무하고 싶어 하는가 하면, 또 어떤 부류의 직원들과는 같이 근무하는 것을 달갑지 않게 생각하기도 한다. 그 이면을 들여다보면 그럴 만한 이유가 있다는 것에 공감을 하게 될 때가 있다. 매년 되풀이되고 있는 이런 현상을 보면서 느끼는 바도 크다. 미루어 볼 때, 공직자는 그 첫 번째가 주민의 공복(公僕)으로서 주민의 복리증진을 위해 주어진 일을 잘

처리해야 하는 것이겠지만, 일 못지않게 중요한 것은 공직내부와 대 주민과의 관계에서의 원만한 처세가 어쩌면 일보다 더 큰 요인으로 작용하고 있는 것 같다. 선배 공직자들의 퇴직후를 보더라도 같은 논리가 작용하는 것 같다. 공적(公的)이든 사적(私的)이든 간에 재직 중에 좋지 않은 인상이 남아 있는 선배님을 먼발치에서 보게 될 때면 정면으로 마주치기가 싫어 옆길로 돌아가는 후배들을 보는가 하면, 선배님이 잘 모르고 지나치더라도 언제, 어디서 근무하던 아무개라고 인사를 드리는 아름다운 모습도 볼 수 있다. 이런 모습을 보면서 조직에 몸담고 있을 때의 처신이 얼마나 중요한 것인가를 다시 한 번 확인하게 된다.

물론 두 마리 토끼를 다 잡는 것이 그리 쉽지만은 않을 수 있다. 그렇다고 하더라도, 조직 내에서 같이 근무하고 싶은 사람은 되지 못한다 하더라도, 거부반응 없이 받아들일 수 있는 공직자가 되는 것과, 퇴직한 후 후배 공무원을 마주치게 될 때 좇아와서 인사하지는 못한다 하더라도 옆길로 숨어버리지 않고 부담 없는 안부인사 정도는 나눌 수 있는 공무원이 되도록 처신했으면 하는 필자 자신의 바람이고, 후배 공직자들도 한 번쯤은 생각해 보는 시간이 되었으면 한다.

경인년(庚寅年) 새해
작지만 큰 충북발전을 위해

십여 년 전쯤으로 기억된다. 그때만 해도 우리 가족은 매년 1월 1일은 속리산 문장대를 등산하는 것으로 새로운 1년을 시작하곤 했었다. 그러던 차에 그 해는 가족회의에서 등산 대신에 일출(日出)을 보는 게 어떻겠냐는 의견이 나왔다. 물론 아이들은 썩 내키지는 않아 했지만, 합의(?)를 이끌어 내는 데 성공했다. 막상 일출을 보기로는 했지만 어디로 가야할지 고민하지 않을 수 없었다. 아이들이 어린 관계로 동해 먼 바다나 높은 산으로 가기엔 무리가 되었기 때문이다. 그래서 내린 결론이 아이들도 몇 번 가 본 적이 있어 생소하지 않는 속리산 문장대로 등산을 하면서 일출도 보기로 했다.

새벽 3시, 혹시나 해서 2중 3중으로 설정해놓은 탁상시계의 요란한 알람이 캄캄한 밤의 침묵을 깨웠다. 등산에 필요한 물건들은 전날 챙겨 놓았기 때문에 가족들을 깨워서 출발만 하면 되는 일이었다. 아직 잠에서 덜 깬 아이들을 달래가며 1시간 반 정도 어둠 속을 달려 경북 상주 쪽에 있는 등산로 입구에 도착했다. 계곡을 따라 간간이 불어대는 살이 에일듯한 칼바람을 온 몸으로 끌어안으면서, 또 한편으로는 힘들어하는 아이들을 채근해가며 2시간 남짓 산행 끝에 목적지인 문장대에 도달할 수 있었다. 아직 예고된 일출 시간이 30~40분 정도 남은 시간이었지만 많은 사람들이 문장대를 오르는 계단을 위에서부터 채워 내려오고 있었다. 우리 가족도 계단 중간 정도에서 더 이상 올라갈 수도 내려올 수도 없는 엉거주춤한 상태에서 일출을 기다릴 수밖에 없었다. 꽁꽁 언 손과 발을 녹여 보려고 발을 동동 구르며 손등 비비기를 몇 번이나 반복했는지, 동쪽 저편 산 너머에서부터 저녁노을 같은 붉은 빛이 보이더니 금세 장엄하고 웅장한 새해 첫날의 태양은 그렇게 모습을 드러내고 있었다. 몇몇 사람들이 애국가를 부르기 시작했고 한 소절 한 소절이 더해가면서 함께하는 사람들의 수도 늘어나고 우리 가족도 자연스럽게 합창에 동참했던 것으로 기억이 생생하다.

그때나 지금이나 새해 첫 날이 되면 언론에서는 동해바다 수평선 저 편에서 눈이 부시도록 찬란한 자태를 뽐내며 솟아오르는 일출 사진과 함께 한해의 소망을 기원하는 한편의 축원 시를 게재하곤 한다. 금년에도 60년 만에 돌아온다는 용맹스러운 흰 호랑이의 해인 경인년 새해를 맞아 많은 사람들이 어김없이 일출을 보려고 바다를 향하고, 더 높은 산 정상을 올랐을 것이다. 새해 첫날 여명(黎明) 속에서 힘차게 떠오르는 태양을 보면서 간절한 소망을 빌어보려는 마음에서일 것이다. 그러나 "하늘은 스스로 돕는 자를 돕는다"고 했다. 아무리 새해 첫날의 태양이라 하더라도 바라기만 하고 달성하고자 하는 노력을 게을리한다면 아무것도 얻을 수 없다는 것은 자명한 일일 것이다.

경인년 새해는 우리 충청북도에도 특별한 해가 될 것 같다. 지금까지 이루어 놓은 성과 위에 경제특별도 신화창조의 지속추진, 청주국제공항 활성화, 오송첨복단지와 중부신도시 그리고 기업도시의 차질없는 추진, 경제자유구역과 태생국가산업단지 조기 지정 등 많은 도정 현안들이 성공적으로 이루어질 수 있기를 기원하면서 그렇게 될 것이라고 확신한다. 지난해 첨복단지를 유치할 때 보여준 155만 도민의 열정과 힘이라면 충분히 해낼 수 있을 것이라고 믿기 때문이다. 그래서 내년 1월 1일에는 도민 모두가 편안한 마음으로 덕담을 나누면서 또 다른 소망을 기원하는 그런 일출보기가 되었으면 하는 마음 간절하다.

대인춘풍 지기추상(待人春風 持己秋霜)

2005년 7월~2006년 6월까지 단양군의 부군수(副郡守)로 근무한 적이 있다. 공교롭게도 2006년 그해도 금년처럼 자치단체장을 포함한 전국 동시 지방선거가 있던 해였다. 그 때는 필자의 건강도 그리 좋지 않은 시기였고, 설상가상으로 단양군의 불미스러운 일로 인해 선거기간을 포함한 4개월 동안을 부군수이면서 군수의 권한을 대행하기도 했었다. 이처럼 단양에서 근무했던 1년은 매우 어렵고 힘든 시간이었다. 그렇지만 힘들었던 그 이상의 보람도 있었고, 언제든 다시 가보고 싶은 단양으로 기억하고 있다. 그렇게 단양에서의 1년여의 생활을 마치고 그해 7월, 민선4기가 출발 하면서 친정(?)인 충청북도 공보관으로 자리를 옮기게 되었다. 조그마한 집무실에는 업무용 책상과 손님 접대를 위한 간단한 소파가 있었고, 출입문을 들어서서 뒤돌아보면 벽면에 가지런히 걸려 있는 적당한 크기의 액자 1개가 있었다. 바로, 그 액자에 쓰여 있던 글이 "待人春風 持己秋霜" 이었다. 그 때는 이 글의 뜻이 그저 '남을 대할 때는 봄바람처럼 다정하게 대하고, 자신을 대할 때는 가을 서리처럼 엄격하라'는 정도 외는 별 다른 감정 없이 그저 좋은 뜻을 가진 명언(名言) 가운데 하나로만 치부해 버리고 잊고 살아왔다.

그러던 차에 며칠 전 우연하게도 2006년에 근무했던 그 방을 들를 기회가 있었다. 방을 들어서면서 첫눈에 들어왔던 것이 그 당시에는 무심히 보아 넘겼던 그 액자가 그 자리에 그대로 걸려 있는 것을 보게 되었고, 그 글을 다시 읽는 순간 이 글의 깊은 뜻이 가슴에 찡하게 와 닿는 느낌을 받았다. 부랴부랴 내 방으로 돌아와 이 글의 정확한 의미와 내용을 좀 더 알아보기 위해 인터넷을 검색해 보았다. 비슷한 뜻으로 "待人春風 持(自)己秋霜", "接人春風 臨己秋霜", "待人春風 臨己秋霜" 등으로 다양하게 사용되고 있었으며, 이 말은 중국 명대(明代) 홍응명(洪應明)이 지은 삼교일치(三敎一致)의 통속적인 처세 철학서인 채근담에서 유래하고 있다는 것과, 가깝게는 우리나라의 근대화를 위해 산업화와 가난으로부터의 해방을 주창하고 실천하셨던 고(故) 박정희 대통령께서도 즐겨 쓰셨던 글이라는 것도 알게 되었다. 그리고 그 중에서도 일반적으로 널리 인용되고 있는 표현이 "待人春風 持己秋霜" 이라는 것을 확인할 수 있었다.

또한 공자께서도 “군자(君子)는 제 잘못을 생각하고, 소인(小人)은 남을 탓한다”고 하셨다고 한다. 이 또한 “待人春風 持己秋霜”과 일맥상통하는 것 같다. 그러나 현실은 남에게는 엄격한 잣대를 들이대면서도 자신에게는 너그러운 것이 우리 범인(凡人)들 인 것 같다. 심지어 남의 실수는 물론이고, 남이 나와 생각만 달리해도 이를 공격하고 배척하면서 자신에게는 한없이 너그러워서 거짓말과 부정한 행동을 하면서도 부끄러워할 줄 모르는 사람을 우리 주변에서 찾아보기란 그리 어렵지 않은 일인 것 같다. 오히려 타인에 대한 잣대 보다는 자기 자신에 대한 잣대를 보다 엄격하게 적용할 때 자신의 영향력이 커지고, 자신의 리더십도 더 돋보이게 된다는 사실을 명심할 필요가 있다. 그러기에 이 덕목은 당연히 국민 모두가 실천해야 할 덕목이겠지만 “노블리스 오블리주”가 뜻하는 것처럼 이번 6.2 지방선거에 입후보하는 정치인을 포함한 고위공직자, 더 높고 더 부유한 층에 있는 사람들이 깊이 새겨야 할 덕목이 되었으면 한다. 물론 이 글이 내포하고 있는 뜻 그대로를 실천하며 살아가는 것이 결코 쉽지는 않은 일이겠지만 최소한 실천하려고 노력하는 것만으로도 보다 더 성공적인 삶에 가까이 갈 수 있으리라는 확신만은 가져볼 만하다.

구제역(口蹄疫)의 종말

지난해 11월 말 경상북도 안동에서 구제역이 처음 발생될 때만 해도 우리 지역에만은 제발 아니기를 간절히 기도하면서 경상북도에서 우리도의 보은군과 괴산군 그리고 단양군으로 연결되는 모든 도로에는 부랴부랴 방역초소를 설치하고 24시간 방역에 들어갔다. 그럼에도 불구하고 구제역 쓰나미는 경기도와 강원도를 강타하더니 구랍 27일에는 우리 지역 충주시 앙성면에서 첫 번째 구제역이 발생하는 지경에까지 이르고 말았다. 충청북도의 농정을 책임지고 있는 사람으로서 끝까지 막아내지 못한 것에 대한 죄책감이 든다. 도내의 전체적인 상황을 파악하고 관리하느라 정작 구제역 현장에는 자주 나가보지 않았지만 축산 농민들의 허탈해할 안타까운 모습을 생각하면 구제역 바이러스가 목을 조여오는 그런 기분이다. 무어라 할 말이 없다. 그동안 두문불출하면서 밤낮을 가리지 않고 축사방역에만 힘을 쏟고 있는 축산 농가들과 칼바람 속에서 방역초소 근무에 매몰 작업에까지 참여하고 있는 도와 시군의 모든 공무원들, 그리고 군인과 경찰, 또한 여러모로 도움을 주고 계시는 분들과 자원봉사자들에게 진심으로 고맙다는 말과 함께 조금 더 힘내자는 격려의 말씀을 드리고 싶다. 공든 탑이 하루아침에 무너지면서 자식처럼 애지중지 키워오던 소와 돼지를 꽁꽁 얼어붙은 땅속에 생매장해야 하는 농장주들의 마음은 하늘이 무너지는 아픔 그 이상일 것이다. 그러기에 이분들에게는 어떤 위로의 말도 귀에 들어오지 않을 것이다. 구제역이 언제쯤 끝이 날 것인지? 또 재 입식은 또 언제쯤 가능할지? 그리고 그때까지는 무슨 일을 하며, 어떻게 먹고 살아갈지가 큰 걱정거리일 것이 뻔하다.

며칠 전 아침회의가 끝날 무렵 도지사님께서 "농정국장님 구제역, 어떻게 종식시킬 방법이 없을까요?" 하신다. 얼떨결에 이렇게 답변을 드렸다. "지사님, 제가 6월 말 퇴직을 하게 되는데 그때 구제역 바이러스를 데리고 나가겠습니다. 그래서 앞으로는 우리 충북에 구제역이 다시는 발을 못 붙이도록 하겠습니다." 했다. 지사님도 필자도 답답해서 주고받은 대화다. 일반 상식적으로는 영하의 날씨가 지속되는 날씨라면 구제역 바이러스가 얼어서 사멸될 것도 같은데 그렇지가 않은 것 같다. 알고 보니 구제역 바이러스라는 놈은 어릴 적 즐겨 들었던 동화 가운데 엄마가 시키는 일이라면 언제나 거꾸로만 행동하는, 그래서 결국은 후회하는 청개구리 같아서 기온이 영하로 내려가면 오히려 더 창궐을 하고 반대로 수은주가 올라가면 점차 수그러든다는 아주 못된 특징을 가지고 있다는 것이다. 결코 그렇지는 않겠지만 금년의 구제역 파동도 예년의 경우처럼 기온이 올라가야 진정되는 것이 아닌가 하는 불안한 전망을 하지 않을 수 없게 만든다. 그렇다고 볼 때 금년 6월 말 33여 년 몸담았던 공직을 떠나야 하는 필자의 마음이 더 불편하기만 하다.

구제역이 발생하면서부터 토요일과 일요일은 말할 것도 없고 설 연휴기간, 그리고 매일 밤늦게까지 상황 근무를 할 때는 퇴직이 채 6개월도 남지 않았는데 못된 놈을 만나 생 고생을 하고 있다는 생각이 들어 나름대로 화가 머리끝까지 치밀어 오르기도 한다. 그렇지만 이런 스트레스가 아무런 도움이 되지 않는다는 현실을 인정하기로 했다. 그래서 앞으로는 스스로를 위로하는 차원에서 구제역에 대한 사고방식을 긍정적인 방향으로 바꾸기로 했다. 남은 기간이 조금은 무료할 수 있었을 텐데 구제역으로 인한 비상근무 때문에 오히려 긴장감이 생기면서 지루하다는 생각을 할 겨를이 없어져 그나마 다행이라는 쪽으로 말이다. 그리고는 조금은 씁쓸하지만 구제역의 종말과 함께 공직을 그만 두겠다는 생각을 해본다. 어찌됐던 이 지긋지긋한 구제역 파동이 하루빨리 정리됨으로써 갈기갈기 찢겨진 축산 농민들의 마음이 조금이나마 회복될 수 있게 되기를 진심으로 기대해본다.

유종의 미(美)를 거두기 위해

생각하고 싶지도 않을 정도로 지루하고 무덥기만 했던 한여름에도 푸르름을 잃지 않던 플라타너스 잎들이 그 생을 다하면서 가늘게 불어오는 가을바람을 견디지 못하고 한잎 두잎 떨어지면서 몸 전체를 도르르 말아 올리고는 차량들이 지나갈 때마다 도로 위 한쪽 구석에서 이리저리로 나뒹굴고 있다. 얼마 전 늦은 밤까지도 방안의 온도가 30도를 넘나들고 있을 때 시원한 바람 한 점이라도 더 들어오게 해보려고 방범용 창살이 되어 있는 곳은 창문을 통째로 떼어 놓거나, 그렇지 않은 창문은 열 수 있는 데까지 최대한 열어 놓았던 여름이었다. 그러던 것이 바로 엊그제 같은데 지금은 아예 유리창을 통해 바람이 들어오지 못하도록 닫아 버리거나, 그것도 모자란다 싶어서인지 걸어 잠그기까지 하는 걸 보면서 정녕 계절의 변화는 그 누구도 어쩔 수 없는 것인가 보다 하는 생각을 하게 된다. 그렇게 기세등등하기만 하던 무더위가 이제 막 시작하는 가을바람에 저항하기는커녕, 소리 소문 없이 물러나는 모양새가 마치 소싸움 대회에서 상대방을 향해 돌진하던 덩치 큰 황소가 몇 차례 공격을 시도해보고 나서는 더 이상 어떻게 해볼 도리가 없다고 판단하고, 두 다리 사이로 꼬랑지를 내리고는 슬그머니 뒤돌아서 걸음아 나 살려라 뺑소니치는 안쓰러운 모습을 보는 것과 크게 다르지 않은 것 같다.

며칠 전 공무원으로 있는 집안 조카가 한 번쯤 읽어볼 만한 글이라고 하면서 메일을 보내왔다. 중앙부처에 근무하던 어느 선배 공직자가 공직을 마무리하면서 후배 공직자들에게 고마웠었다는 작별인사와 함께 그동안 있었던 크고 작은 일들에 대한 소회를 밝힌 글이었다. 그리고 그 글에는 '직장인들에게 가장 신명나는 때가 언제인가?' 라는 항목으로 설문조사한 결과도 함께 인용하고 있었다. 물론 응답 1순위는 '자기 업무의 성과를 인정받았을 때'였고, 2위는 '뜻하지 않은 보너스를 받았을 때'였으며, 3위는 '동호인과 취미활동을 할 때'라고 되어 있었다. 거기까지는 얼마든지 그럴 수 있다는 생각도 들었고, 필자에게 같은 질문을 했더라도 비슷하게 대답했음직한 답변들이었다. 문제는 그 다음 이었다. 응답순위 제4위는 '보기 싫은 상사가 출장 갔을 때'라고 되어 있었다. 솔직히 말해서 이런 답변이 나오리라고는 상상조차 하지 못했을 뿐 아니라, 더더군다나 그런 답변이 4번째로 많이 나왔다고 하는 대목에서 커다란 해머로 뒤통수를 얻어맞은 듯 묘한 기분이 들었다.

필자도 1978년 늦은 가을에 공무원으로 들어 왔으니 금년으로 32번째 가을을 보내고 있는 것이다. 그러다 보니 어느새 내년 봄이 지나고 여름이 시작될 때면, 그래서 가을이 오기 전에는 공직을 떠나야만 한다. 이런 입장에서 이런 글을 읽고 보니 공직자의 한 사람으로 한편으론 가슴에 와 닿기도 하고 또 한편으로는 두려운 마음까지 들었다. 왜냐하면 나름대로는 주어진 일에 최선을 다하면서 선후배 동료들 간에도 모나지 않게 하려고 노력했지만, 혹시라도 후배들의 눈으로 볼 때는 필자 역시도 출장가기만을 바라는 그런 상사의 한 사람으로 비쳐지지는 않았나 하는 생각을 지울 수가 없기 때문이다. 차라리 이런 글을 시간이 많이 남아있던 시점에서 볼 수 있어서 잘못된 부분을 고쳐 나갈 수가 있었더라면 좋았을 것이라는 때늦은 후회를 해본다. 그러면서 또 한편으로는 아직도 8개월이란 시간이 남아 있다는 것을 다행으로 생각한다. 흔히들 늦었다고 생각할 때가 가장 빠를 수 있다고들 말하지 않았던가?

퇴직하고 나서 하고 싶은 일

공직을 정리해야 할 시간이 정확하게 3개월밖에 남지 않았다. 먼저 퇴직하신 선배님들이 하나같이 말씀하셨던 얘기들이 귓가에서 맴을 돈다. 퇴직하고 나서 해야 할 일들을 미리미리 구상해 놓아야 한다는 것이었다. 그러나 당시에는 퇴직은 내 일이 아니라 남의 일이라고 생각해 한 귀로 듣고 한 귀로 흘려버렸다. 그러니까 퇴직은 나와는 아무런 관련이 없는 일로 미리부터 걱정을 할 필요가 없었던 것이었다. 그런데 지금 와서 생각해보니 선배님들이 말씀하실 때 왜 좀 더 신중하지 못했었나 하고 자책을 해보지만 이미 돌이킬 수 없는 지경에까지 이르고 말았다. 막상 퇴직을 눈앞에 두고 보니 어쩐지 마음이 울적해지는 것 같기도 하고, 또 한편으로는 서운한 마음이 드는 것도 같다. 과연 3개월

후 퇴직을 하게 되면 무엇을 어떻게 하며 살아가야 하나 걱정이 이만저만이 아니다.

세상사람 누구라도 피해갈 수 없고, 어느 직업이라 하더라도 영원히 퇴직하지 않고 근무할 수는 없는 노릇일 것이다. 꼭 3개월 후가 아니더라도 1년 후가 되든, 10년 후가 되든 언젠가는 퇴직을 하게 마련이다. 퇴직이란 업종에 따라 비록 형태는 다를지라도 사람이 태어나서 죽음에 이르는 동안 반드시 거쳐야 하는 하나의 필수과정일 뿐이다. 그러기에 퇴직은 누구에게든 시간의 문제일 뿐 피할 수 없는 현실이라는 것을 받아들인다면 퇴직을 결코 서운해하거나 울적해야 할 아무런 이유가 없는 것이다. 그렇다면 퇴직을 부정적인 측면에서만 바라볼 게 아니라 또 다른 제2의 인생을 살기 위한 새로운 출발이라고 하는 긍정적인 방향으로 생각을 바꾸는 것도 나쁘지 않을 것 같다.

얼마 전 같은 시기에 퇴직하는 동료와 이런저런 얘기를 나누는 가운데 퇴직하고 나서 무엇을 해야 될지 모르겠다는 얘기를 털어놓았더니, 우리나라에 있는 유인도(有人島)를 모두 다녀 보는 것은 어떻겠냐고 한다. 정말 해볼 만한 좋은 아이디어라는 생각이 들었다. 그렇지 않아도 평소 집사람과 대화를 하는 도중에 가끔씩 등장하는 주제이면서 이견(異見)없이 흔쾌히 동의를 이루었던 것이 퇴직 후 무엇을 할 것인가의 얘기였고, 그때마다 퇴직하게 되면 적어도 단 한 달만이라도 바다가 잘 보이는 동해안 아담한 어촌마을에 전세가 됐든 월세가 됐든 방 한 칸 세를 얻어 매일아침 찬란하게 떠오르는 동해의 일출도 보고, 쓰나미가 닥쳐와도 안전이 담보되는 도로를 따라 시원한 바닷바람을 가슴으로 안으며 해안가를 걸어보자고. 그리고 만선으로 돌아오는 고기잡이배가 도착할 시간쯤에는 항구로 달려나가 팔딱거리는 싱싱한 도다리 한 마리를 사서 그 자리에서 회를 쳐서 먹자고 했던 말이다.

그러던 차에 섬 여행 얘기가 나왔으니 그래, 잘 됐다싶어 집사람에게 이야기를 했더니 역시 오케이였다. 몇 년이 걸릴지는 모르지만 국내에 있는 섬들을 두루 다녀보기로 했다. 그때 쯤 되면 어디에도 얽매이지 않은 몸이라서 남는 게 시간밖에 없을 테니까 서두르지 않고 느긋한 일정으로 여행을 즐기다가 힘이 들면 전망이 좋은 아늑한 곳에 차를 세우고 누구의 눈치도 볼 필요가 없는 오수를 즐기는가 하면, 하루 한 끼 정도는 계곡물로 라면도 끓여 먹으면서 그동안 접하지 못했던 세상과 소통하고 싶은 마음이다. 그렇지만 섬 여행 한가지만으로는 부족할 것 같다. 일주일에 한두 번 정도는 등산 동호회에 가입해서 집사람과 함께 산에도 오르고, 뇌세포가 죽어가는 속도를 늦추기 위해서라도 또 하루 정도는 대학에서 운영하는 평생교육 한 강좌 정도는 듣고 싶다. 그리고 남는 하루 이틀 정도는 공무원 초임시절 배우기 시작했다가 내 팽개쳤던 붓글씨도 배우면서 제2의 인생을 느긋하게 즐기면서 살아가고 싶다.

동일본 대지진의 교훈

규모 9.0의 '동일본 대지진'과 함께 뒤 이어 밀어닥친 쓰나미 때문에 평화롭기만 하던 마을은 형태를 알아볼 수 없을 정도로 폐허가 되고 말았다. 3월 16일 현재 공식적으로 확인된 인명피해만도 만 명을 넘는다는 보도가 나오고 있다. 그런데 이 숫자는 하루하루 지나면서 눈덩이처럼 불어나고 있다. 어떤 보도에 의하면 사망자와 실종자가 수만 명이 될 것이라는 전망도 내놓고 있다. 강진과 쓰나미에 의한 피해도 상상을 초월하는 것이지만 지금은 그보다는 오히려 원전 파괴시 방사능 오염에 의한 주민들의 피해를 더 걱정하고 있는 것 같다. 온 세계가 하나같이 발 빠르게 도와주면서 걱정스런 눈으로 지켜보고 있다. 그런데 이런 아비규환의 참상 속에서도 국내·외 많은 언론은 한결같이 일본 국민들의 침착한 행동과 국익을 생각하는 일본 언론의 자세에 찬사를 보낸다. 그러면서 자국민들에게 이를 본받아야 한다고 이구동성으로 이야기하고 있다. 영국의 파이낸셜타임스는 '인류가 더 강해지고 있다는 것을 일본이 보여줬다'라고 하면서 '내진설계 등 과학적 진보뿐 아니라 일본의 시민의식은 인류의 정신이 진화한다는 사실을 보여줬다'고까지 했다. 미국의 뉴욕타임스는 '일본인들의 인내심은 그야말로 대단했다'라고 이야기하고 있다. 국내 일본 전문가들은 일본인들의 높은 질서의식, 이른바 '남에게 폐를 끼쳐서는 안 된다'는 '메이와쿠' 교육을 철저히 받아 온 때문이라고 분석하면서 이번 일본 대지진을 통해 우리나라도 '절제, 준법, 질서, 배려'라는 4대 미덕을 일본에서 배워야 한다고 입을 모으고 있다.

구호품을 나누어 주는 현장에서 질서정연하게 줄을 서 기다리는 모습을 보면서, 그리고 '도쿄에서 수백 명이 광장으로 대피하는 가운데서 남성은 여성을 도왔고, 길에는 쓰레기 하나 떨어져 있지 않았다.'고 하는 보도를 접하면서, 하물며 편의점에서 줄을 서서 생필품을 사면서도 끼어들기나 사재기는커녕 다른 사람들을 위해 꼭 필요한 만큼만 사가는 모습을 보면서 세계는 할 말을 잃고 말았다. 얼마나 감동적이었기에 일본에서 유학하고 있는 한 중국인 학생은 이런 기고문을 남겼다고 한다. '도둑질 하는 모습은 상상할 수조차 없다. 세계 종말이 온다면 이런 모습으로 다가왔으면 한다.'고 적었다고 한다. 이 얼마나 멋있는 행동이며, 이 또한 얼마나 멋있는 표현인가.

평소에도 일본 언론은 국익에 반하는 보도는 가급적 자제한다는 얘기는 익히 들어왔다. 하지만 이번 동일본 대지진을 보도하고 있는 일본 언론의 절제된 태도를 두고 배울 점이 많다는 것을 다시 한 번 확인하는 계기가 되었다. 쓰나미로 가옥과 차량이 휩쓸려가는 장면은 TV화면에 자주 보도됐지만, 떠내려가는 사람들의 처참한 모습이 담긴, 그래서 인간의 말초신경을 자극하는 장면은 보도하는 사례가 없다는 것이다. 이처럼 대지진의 와중에서도 소름이 끼칠 정도로 침착한 일본국민과 철저히 국익을 우선시하는 언론의 보도를 보면서 가깝고도 먼 나라 일본을 다시 한 번 생각하게 된다. 그런데 요즘 언론 보도에 의하면 점차 시간이 지나면서 일부 사재기와 질서가 흔들리고 있다는 보도를 접하고 있다.

우리나라에서도 그동안 5.2 정도의 지진은 있었던 것으로 발표되고 있다. 우리나라라고 더 큰 규모의 지진이 오지 말라는 법은 없다. 이번 동일본 대지진을 반면교사로 삼아 철저한 대비를 해야 할 것이다. 일본과 똑같은 상황에서 우리도 그들과 같은 아니 그 이상의 침착함과 국익을 우선시할 수 있을는지 자문해보고 싶다. 그러나 수년 전 경제위기의 한파가 몰아 닥쳤을 때 세계인이 놀랐던 금 모으기 운동과 서해안 기름유출 사고 때 보여준 전 국민적인 동참과 관심 정도라면 우리도 충분히 해낼 수 있을 것으로 믿고 싶다.

20:80법칙에서 자신의 위치는?

며칠 전 모 일간지에서 "20:80의 사회"란 글을 읽었다. 아주 오래전에 들었던 얘기라 기억이 가물가물하면서 무엇을 말하는지 퍼뜩 이해가 되지 않았다. 인터넷을 검색해 보았더니 파레토 법칙(Pareto 法則) 또는 20:80의 법칙이라고 하는 이 법칙은 이탈리아의 경제학자 빌프레도 파레토의 이름에서 유래되었으며, 파레토는 우연한 기회에 일개미들의 움직임을 유심히 살펴보고 놀라운 결과를 얻어 냈다고 한다. 첫 번째는 전체개미의 20%만이 열심히 일을 할 뿐이고, 나머지 80%는 그럭저럭 시간만 때우고 있었다는 것과, 두 번째는 일 잘하는 20% 개미들만을 따로 갈라놓았더니 처음에는 개미들 모두가 열심히 일하는 것 같더니만 머지않아 그 중 80%는 놀기 시작했으며, 더 재미있는 결과는 일을 안 하던

80% 집단도 그들만을 따로 분리해 놓았더니 시간이 지나면서 20%의 일하는 무리와 80%의 나태한 무리로 나뉘어졌다는 것이다.

그리고 이러한 현상은 개미사회 뿐 아니라 인간사회를 포함한 다른 여러 분야에도 그대로 적용된다는 것을 알게 되었다고 한다. 예를 들어, 일정 토지에서 생산된 콩의 80%가 전체 콩깍지의 20%에서 나온다는 것과, 20%의 고객이 백화점 전체 매출의 80%에 해당하는 쇼핑을 한다는 것도 알아냈다. 이처럼, 전체 결과의 80%가 전체 원인의 20%에서 나오는 현상을 설명하는 법칙이 바로 파레토의 법칙이다. 물론 정도의 차이는 있겠지만 우리 인간사회를 보더라도 여러 측면에서 개미들의 연구 결과와 비슷해서 대략 20%의 사람들은 적극적이고, 나머지 80%는 그냥 동참하거나 소극적이라고 한다. 이렇게 볼 때 어떤 조직이던 간에 조직원들의 면면은 바뀔 수 있다고 하더라도 그 조직은 적극적 조직원 20%에 의해 유지되고 발전되어 나간다고 볼 수 있을 것 같다.

이런 연구결과를 염두에 두고 필자가 걸어온 공직 생활 30여 년을 되짚어 보았다. 공무원들의 세계 역시 개미들의 연구결과와 크게 다르지 않다는 것을 알게 되기까지는 그리 많은 시간이 필요하지 않았다. 과장시절 함께 일했던 직원들과, 국장으로 일하고 있는 지금 같이 근무하고 있는 직원들을 보더라도 그 결과는 역시 20:80 결과를 인정할 수밖에 없을 것 같다. 그렇다고 80%의 조직원들이 전혀 일을 하지 않고 놀기만 하면서 국민이 낸 세금만을 축내고 있다는 것은 결코 아니다. 단지 적극적인 조직원들에 비해 덜 적극적이고 소극적일 뿐이라는 것이다. 역설적으로 80%의 소극적 조직원들이 있기에 20%의 적극적 조직원들이 구분될 수 있다고 본다면 오히려 이들 80% 조직원들의 존재가 더 중요하지 않을까 하는 생각도 해 본다. 그리고 파레토가 증명했듯이 20%의 조직원들이라 하더라도 끝까지 적극적 20%로 남는 것이 아니고, 시간이 지나면서 그 중 80%는 소극적 조직원으로 될 수 있고, 거꾸로 80%의 조직원들도 영원한 소극적 80%가 아니라 그 가운데 20%는 언제고 적극적 조직원들로 바뀔 수 있다는 사실을 간과해서는 안 된다.

그렇다면 현재 내가 몸담고 있는 조직 내에서 내 위치는 어디쯤일까? 적극적으로 일하는 20%일까, 아니면 소극적으로 행동하는 80%일까? 자신에게 한 번쯤은 자문자답해 볼 필요가 있을 것 같다. 그리고 본인 스스로가 소극적 80%에 속한다고 답했다면 지금부터라도 보다 더 적극적인 자세로 임함으로써 조직이 발전해 나갈 수 있도록 하는 20%의 역할을 해 보는 것은 어떨까 생각해 본다.

생명의 신비

세월의 흐름을 깜박 잊고 있었던 것 같았다. 신묘년 새해가 엊그제 시작되었나 했더니 어느새 달력은 3월의 중순을 달리고 있었다. 돌이켜 보면 지난겨울은 그 어느 해보다도 어려운 시간이었다. 칼바람을 동반한 매섭도록 차가운 날씨로 인해 사람들도 곤혹스러웠지만 소, 돼지와 같은 우제류의 가축들에게는 너무도 혹독한 겨울이었다. 이렇게 보면 지난겨울은 살아 있는 모든 생명체를 움츠리게 했던 그런 겨울이었던 같다. 수은주가 영하 10도 아래로 내려가는 날이 30일 이상 지속되었다는 것만 보더라도 어느 정도였나를 가늠할 수 있을 것이다. 그러나 그렇게 매서운 동장군도 계절의 변화 앞에서는 더 이상 당당하지 못하고 한없이 왜소해지기 마련인가 보다. 매일 매일이 여유가 없었던 일정으로 자주 밖을 나가보지는 못했지만 가끔씩 사무실 유리창 너머로 들어오는 광경만으로도 봄이 오고 있는 것 같은 짐작은 해본다. 내리 쬐는 봄 햇살을 보닛(bonnet)에 받으면서 내달리는 거리의 차량들과 겨우내 겹겹이 끼워 입었던 두터운 외투를 성급하게 벗어 버리고는 짧아지고 얇아진 행인들의 옷차림에서, 그리고 멀리 우암산의 변해가는 모습에서 3월의 따스함이 그대로 전해온다. 그렇다면 지금쯤 땅속의 모든 생명체들도 겨우내 덮고 있던 거추장스런 낙엽들을 밀쳐 버리고 세상 밖으로 나올 채비를 갖추고 있을 것이 분명하다.

26~7년 전 쯤의 일이다. 공무원으로 충주시청에서 첫 발을 내디딘 지 6년 정도 되었을 때 그토록 가고 싶어 했던 도청에서 근무할 수 있는 기회가 우연하게도 찾아 왔다. 그러나 본청으로 들어가기 위해서는 대부분 사업소를 거치게 되어 있었다. 그래서 우선은 충주에 소재하고 있는 도 사업소인 '도립 양어장(지금의 충청북도내수면연구소)'으로 자리를 옮기게 되었다. 양어장에서 하는 일은 민물에서 서식할 수 있는 고기들을 연구하면서 치어를 생산해 민간 양식업자에게 분양을 해주는가 하면, 도내 내수면의 자원증식을 위해 요소요소의 강과 댐에 치어를 방양(放養)하는 그런 일을 하고 있었다. 이곳 양어장에서도 봄이 되면 어미 잉어들의 산란을 유도하기 위한 준비 작업을 하게 된다. 산란을 시키기 위해서는 암컷과 수컷을 1년 간 분리 사육해 오다가 적당한 날을 잡아 암수의 비율을 맞추어 하루 저녁을 합방하는 것이다. 처음

보는 광경이라 신기하게 지켜보았다. 그런데 잉어들은 누가 시키지도 않았고, 가르쳐 주지도 않았는데도 암수가 한 몸이 된 것처럼 붙어 다니면서 서로에게 애무를 해주고 있었다. 그런 행동을 한참동안이나 계속하더니만 어느 순간에 알을 받기위해 인위적으로 수면 위에 깔아놓은 어소(魚巢:물고기집) 위로 암컷과 수컷이 동시에 뛰어 오르면서 암컷이 산란을 하면 그 위에 수컷이 정액을 뿌리는 작업을 아주 정교하게, 그리고 기계적으로 하고 있었다. 그렇게 수정된 알은 1주일여가 지나면 부화가 되고 고물고물 새끼 잉어로 자라서 분양과 방양을 하게 되는 것이다. 요즘은 TV를 통해 동물과 식물들의 세계를 더 정교하게 볼 수 있지만, 그 당시로서는 민물고기의 산란과정을 문명의 이기의 힘을 빌리지 않고 두 눈으로 직접 볼 수 있기란 그리 흔한 광경이 아니었다. 그때 본 경이로운 생명이 태어나는 모습이 지금도 뇌리에서 잊혀지지 않고 생생하게 리뷰되고 있다.

며칠 전 평소 알고 지내는 지인께서 메일을 보내 주셨다. '아침을 깨우는 3월의 봄 햇살이 당신의 고결한 눈망울 속에서 은빛 날개로 팔랑거릴 때 서둘러 커튼을 열어둔 창문 꽃병에 물을 채우고 한 아름 여린 봄꽃을 꽂아봅니다.(이하생략)'라고 시작되는 이채라는 시인이 쓴 '3월에 띄우는 편지'였다. 3월이 다 가기 전에 이번 주말에는 봄 꽃 한 다발을 구해서라도 꽃병에 꽂아 두어야겠다.

먼 길 함께 가기

아프리카 속담에 '가까운 길을 빨리 가려면 혼자 가고, 먼 길을 편히 가려면 함께 가라'는 말이 있다. 정말 많은 의미를 포함하고 있는 명언이라는 생각이 든다. 역사라는 큰 틀에서 한 인간의 일생을 조명해 보면 티끌만한 점으로 표시되기에도 부족하겠지만, 그렇게 짧다는 것을 인정하고 또 다른 관점에서 본다면 인간의 평균수명 80여 년, 이 또한 결코 짧지 않은 긴 시간임에 틀림이 없는 것 같다. 그렇다면 우리의 한 평생도 가까운 길 가기가 아니라 먼 길 가기라는 생각이 든다. 인간은 애시당초 혼자서는 살아갈 수 없는 사회적 동물이라고 했다. 그러기에 인간은 주어진 삶을 살아가는 동안 자신이 좋아하든 싫어하든 수많은 다른 사람들과 인연을 맺어가며 살아갈 수밖에 없다. 또한, 한 남자와 한 여자가 결혼을 하는 것도 종족보존의 의미도 있겠지만 또 다른 한편으로는 먼 길을 외롭지 않고 편하게 가기 위한 하나의 방편이라고 볼 수도 있을 것이다.

나이가 이순(耳順)이 다 되도록, 그리고 이만한 자리에 오르도록 결혼식 주례라고는 서고 싶다는 생각을 해본 적도 없고, 어느 누구로부터 주례를 서 달라는 부탁을 받아본 적이 없었다. 그런데 지난해 말 직장 동료인 모 과장께서 어렵사리 말문을 열면서 조카의 결혼식 주례를 서 달라는 것이었다. 처음에는 손사래를 치면서 정중하게 거절을 했는데도 불구하고 계속해서 부탁을 해 왔다. 과공비례(過恭非禮)라고 더 이상 거절하는 것도 예의가 아닌 것 같아 눈 딱 감고 한 번만 주례를 서자고 했었다. 무슨 일이든 처음 시작하기가 어렵지 그 다음부터는 꼬였던 실타래가 술술 풀어지듯이 쉽게 쉽게 결정을 할 수 있는 것 같다. 첫 번째 주례를 서고 나서 한 달여 후에는 어쩔 수 없는 또 다른 지인의 부탁을 받고 두 번째 주례까지 서게 되었다. 그때까지는 주례를 서느냐 마느냐 하는 문제로 고민을 했었다면 막상 주례를 서기로 결정하고부터는 신랑신부에게 과연 무슨 말을 어떻게 해 주어야 하나 하는 문제로 또 한 차례 밤잠을 설치기도 했다.

주례를 서면서 몇 가지 당부를 하는 가운데 이런 주문을 했던 것으로 기억이 된다. 결혼이란 피 한 방울도 섞이지 않은, 남남이었던 두 사람이 결혼이라는 매카니즘을 통해 평생을 백년해로(百年偕老) 하는 것인 만큼, 앞으로 가정사 어떤 일이든 혼자서 결정하지 말고 아내와 그리고 남편과의 충분한 대화를 통해 두 사람의 의견을 하나로 모아가는 노력을 해 달라는 얘기를 했다. 왜냐하면 결혼을 하고서도 결혼하기 전과 똑같이 모든 일을 자기 혼자서 결정해 나간다면 결혼을 한 의미도 없을 뿐 아니라 그렇게 되면 두 사람의 가정은 결단코 행복한 가정이 될 수 없다는 것을 말해주기 위해서였다. 또 한 가지 이유는 두 사람이 부부로 살아갈 시간을 요즘의 평균수명으로 계산해 보더라도 족히 50여 년이 넘는 짧지 않은 시간이기 때문에 이렇게 긴 여정을 두 사람이 서로 사랑하는 가운데 알콩달콩 함께 간다면 아무리 먼 길이라 하더라도 그 길은 외롭지도, 그리고 힘들지도 않는 편한 길이 될 것이라는 생각이 들어서다.

함께한다는 것은 비단 먼 길을 갈 때만, 그리고 신혼부부들에게만 해당되는 일은 아닐 것이다. 부부와 가족이 함께하고, 직장동료들이 함께하고, 그리고 157만 도민이 함께한다면 신묘년(辛卯年) 새해 첫날에 힘차게 솟구쳐 오르던 붉은 태양처럼 우리 고장 충북도 분명 비상하는 한해가 될 수 있을 것이라는 생각이다.

오직 한 번뿐인 삶

며칠 전 오랜만에 따뜻한 거실바닥에 다리를 길게 펴고서는 리모컨으로 TV의 채널을 이리저리 돌리고 있는데 한 채널에서 대략 60은 넘어 보이는 '서진규 박사'라는 여자 분이 특강을 하고 있었다. 이미 강의시간의 반 정도는 족히 진행되었을 시간이라 다른 곳으로 돌릴까 하다가 조금 더 들어보기로 했다. 처음부터 듣지는 않았지만 어쩐지 강의 내용이 귀에 꽂혀왔다. 리모컨을 내려놓고 아예 채널을 고정하기로 했다. 많은 사람들이 젊은 시절 사랑이라는 이름 때문에 한 번쯤은 하얀 밤을 까맣게 지새우면서 가슴 아파했던 아련한 추억이 있었던 것처럼, 이 분 역시도 사랑의 시련을 극복하지 못하고 한강 다리 위에서 투신자살까지 생각했던 적이 있었다고 말한다. 그렇지만 그런 위기상황을 잘 극복하고 나서 가발공장 직공과 식당 종업원을 거쳐 맨손으로 무작정 미국으로 건너간다. 다행히도 교포가 운영하는 한인 식당 종업원으로 일하면서 낮에는 대학생으로, 그리고 밤에는 식당 종업원이라는 힘든 생활을 하게 된다.

그 후 입대 등 파란만장한 세월을 보내면서도 질긴 생명의 끈을 놓지 않고 최선을 다하는 삶을 살며 급기야는 미국 최고이자 세계 최고인 하버드대학에서 박사학위까지 취득하는 불사조 같은 삶을 살아가는 얘기가 이어진다. 강의의 핵심은 이런 것이었다. '우리 인간은 태어남(生)과 죽음(死)에 관한 한 우리 의지대로 어떻게 해볼 수 있는 부분이 없다는 것이다. 단지, 인간의 의지대로 해볼 수 있는 것이라고는 그나마 주어진 삶을 어떻게 살다 갈 것인가 하는 것뿐이다'라고 이야기 하고 있었다. 맞는 말이다. 생(生)과 사(死)가 어쩔 수 없는 것이라면 주어진 삶을 어떻게 살아가느냐는 전적으로 내 자신이 결정해야 할 몫인 것이다. 그러기 위해서는 우리 앞에 닥치는 수많은 일들을 긍정의 눈으로 보아야 한다. 설령 위기가 찾아온다 하더라도 부정적인 생각을 버리고 반드시 해내고야 말겠다는 신념을 가지고, 그리고 남에게 피해를 주지 않는 범위 내에서 최선을 다하는 삶을 살 때 그 사람의 인생은 분명 아름다운 삶을 산 사람으로 평가 받을 것이다. 후세의 평가를 잘 받기 위해서가 아니라 그보다는 현세의 삶을 살아가는 동안 내 자신에게 떳떳하고 주위에 부끄럽지 않은 삶을 살아가는 것이 훨씬 더 중요하다는 생각을 해본다.

삶이 일시적으로 어렵고 힘들다 하더라도 한 번밖에 주어지지 않는 고귀한 삶을 포기하려 한다거나, 순간만을 모면하기 위해 권모술수(權謀術數)를 쓰는 삶을 살아간다면 이는 순간은 모면할 수 있을지 모르지만 그것과는 비교도 되지 않는 훨씬 더 큰 자신을 영원히 버리게 되는 것일 뿐 아니라, 주위의 많은 사람들에게도 씻지 못할 큰 상처를 안겨주게 될 것이다. 어떤 조그마한 위기상황도 극복해내지 못하고 삶을 포기한다면 지구상 모든 인류는 벌써 멸종하고 흔적을 감추고 말았을 것이라는 생각을 해본다. 언젠가 OECD 국가 중 우리나라의 자살률이 최상위 그룹에 있다는 기사를 읽은 적이 있다. 그 가운데서도 청소년들의 자살률이 매년 높아지고 있다는 것이다. 가슴 아픈 일이 아닐 수 없다. 삶을 포기한다는 것은 엄청난 결심과 용기가 없이는 할 수 없는 일이다. 그렇다고 본다면 죽기로 결심한 이 용기를 살아야 하겠다는 긍정적인 방향으로 생각을 바꿀 수 있다면 서진규 박사와 같은 영광이 오지 말라는 법이 없을 것이다. 우리는 '위기가 곧 기회다'라는 말을 많이 하고 많이 듣기도 한다. 그렇다. 정말로 위기를 극복하고 그 위기를 기회로 만드는 삶을 살아갈 수 있는 사람이라면 진정 그의 인생은 성공했다고 자신 있게 말할 수 있을 것이다. 자신의 의지를 반영할 수 있는 삶이란 오직 한 번밖에 주어지지 않는 정말 고귀한 것이다.

'멧돼지'가 도심으로 내려온 이유?

며칠 전 청주시내 도심 한복판에 멧돼지 6마리가 떼를 지어 내려와서 시민들을 불안에 떨게 했다는 언론보도가 있었다. 그리고 3일 후에도 또 한 마리가 내려와 아파트 상가 유리창을 깨뜨리는 소동을 피우고 나서야 산으로 올라갔다는 것이다. 그런데 이런 보도는 이제 더 이상 뉴스거리가 되기에는 부족한 것 같다. 이미 멧돼지를 비롯한 산짐승들이 서울은 물론, 몇몇 도시에 출몰해서 심심치 않게 뉴스거리를 만들어 주었기 때문이다. 왜 이런 일들이 일어나고 있을까? 이런 현상을 아전인수(我田引水)격으로 해석을 해보면 인간들이 도심을 친환경적으로 잘 가꾸어 놓았기 때문에 멧돼지들이 수풀이 우거진 산림으로 착각하고 먹이를 찾아다니다 길을 잃어 실수로 주택가까지 내려오지 않았나 하는 생각을 해볼 수 있다.

그러나 결단코 그렇지는 않은 것 같다. 그동안 무분별하게 이루어졌던 야생조수 포획행위가 엄격하게 금지되고, 정부와 환경단체, 그리고 많은 국민들의 관심과 노력 덕분에 오늘날 종(種)의 개체수가 급격히 늘어난 데서 그 원인을 찾을 수 있을 것이다. 그러나 개체 수 증가보다 더 중요한 사실은 인간들의 어리석은 행동에서 찾는 것이 옳을 것 같다. 산에서 멧돼지를 포함한 야생조수들이 먹고 살 양식인 도토리, 버섯 등 임산물을 인간들이 씨를 말려놓자 산에서 더 이상 먹을거리를 찾지 못하고 결국은 도심 속으로 내려오도록 하는 원인을 인간들 스스로 제공해 주었기 때문이라는 것이 훨씬 더 설득력이 있어 보인다. 어디 그 뿐인가, 인간들의 행동은 여기서 그치지 않았다. 일부 몰지각한 사람들이 자신들의 영리만을 위해 몸보신에 뱀만큼 좋은 것이 없다는 증명되지도 않은 허무맹랑한 소문을 퍼트리고는 동면(冬眠)에 들어가려는 뱀을 그물망을 설치해 완벽하게 싹쓸이 한다는 뉴스들이 한해도 거르지 않고 매년 반복되곤 한다.

2007년도에 1년간의 장기교육을 받을 때였다. 우리나라와 역사적으로 관련이 깊은 동남아의 한 국가를 여행하면서 매우 안쓰러운 장면을 목격한 적이 있다. 우리나라 사람들이 웅담(熊膽)을 좋아한다는 소문은 국내외를 가리지 않는 것 같았다. 우리나라 관광객들이 많이 들르는 코스 중간에 곰 사육장이 하나 있었는데, 사육장 안으로 들어가 보니 곰을 옴짝달싹 못하도록 철창으로 구획을 하고, 가슴에는 수술환자에게 영양을 공급하는 링거 줄을 꽂아놓듯이 곰의 몸속으로 투명한 호스를 직접 연결, 쓸개즙이 관을 타고 흘러내리도록 하고는 관광객들을 상대로 즉석에서 판매를 하고 있었다. 오죽 했으면 단속이 심한 국내를 피해 멀리 해외로까지 나가서 사업(?)을 하고 있을까하는 생각을 하니 끔찍하기도 하고, 또 한편으로는 부끄러워서 얼굴을 들기가 민망스러웠다.

자연생태계는 먹이사슬이라는 고리로 연결되어 있다. 그리고 야생조수들은 그 먹이사슬 안에서 적당한 개체 수만큼 종족을 보존시키는 여건을 스스로 만들어가며 살아가는 것이다. 그런데 일부 몰지각한 인간들이 건강을 챙긴다는 단순하고 해괴망측한 논리로 자연생태계의 먹이사슬을 끊어버리는 행동을 서슴없이 저지르고 있는 것이다. 이렇듯 자연환경이 바뀌게 되자 산에 있어야 할 야생조수들이 생존을 위해 위험을 무릅쓰고 도심으로 내려올 수밖에 없었던 것이다. 진실로 자업자득이 아닐 수 없다. 옛말에도 송충이는 솔잎을 먹고, 누에는 뽕잎을 먹어야 산다고 했다. 그렇다면 멧돼지를 비롯한 야생조수들도 당연히 산에 있어야 제격이다. 인간들이 진정으로 자신들의 건강과 후손들의 행복을 원한다면 멧돼지가 왜 도심으로 내려왔는지 심각하게 고민해볼 필요가 있을 것 같다.

2부

나눔과 사랑

바다 같은 삶을 꿈꾸며

봄가을이 되면 '벚꽃 축제'니 '복숭아 축제'니 하는 지역별 특성을 살린 축제가 여름장마에 봇물 터지듯이 줄줄이 이어진다. 과거에 비해 이처럼 축제가 많아지게 된 것은 아마도 본격적인 지방자치제도가 부활하면서 지역의 수장(首長)인 도지사와 시장 군수를 주민들이 직접 선출하게 된 이후부터가 아닌가 하는 생각이 든다. 모든 축제가 다 그런 것은 아니지만 어떤 축제는 축제를 통해 주민들 간에 화합을 다지고 재충전의 에너지를 지역발전의 동력으로 연결시키고자 했던 본래 취지와는 거리가 먼, 먹고 노는 소비성 행사로 전락하게 되는 경우가 있는가 하면, 또 어떤 축제는 먹고 사느라 그동안 잊고 살아왔던 조상 대대로 이어져 오던 우리 전통의 뿌리를 찾아 계승 발전시키고, 지역의 정체성을 살려 나가면서 지역에서 생산되는 농특산품을 출향인사들에게 홍보하고 판매하기도 하는 의미 있는 축제로 자리매김하고 있는 경우도 많이 있다.

필자가 태어난 고향, 청원군 미원면도 예외는 아니어서 매년 9월이 되면 '쌀안축제(미원면을 예전에는 쌀안이라고 불렀음)'라고 해서 면민이 함께하는 축제가 열린다. 금년이 벌써 12회째라고 하니 면단위 축제치고는 나름대로 전통이 있는 축제라는 생각이 든다. 며칠 전 이 행사와 관련해서 꼭 참석하라는 압력(?) 겸 부탁을 하기 위해 면장님과 추진위원장님이 초청장을 들고 직접 필자의 방을 찾아온 적이 있다. 이런저런 담소를 나누고 방을 나가면서 귀띔을 해 주신다. 개막식장에서 필자를 포함해 몇몇 분들에게 고향 발전을 위해 노력한 공로를 인정해 감사의 표시를 한다는 것이다. 한 일도 변변치 않은데 감사의 표시를 한다니 부끄럽기도 해서 썩 마음이 내키지는 않았지만 그래도 태어나고 자란 고향의 행사인지라 참석하는 게 도리인 것 같아 가기로 했다. 당일 행사장에 도착해보니 면단위 행사라는 생각이 들지 않을 정도로 이미 많은 사람들이 모여 축제를 즐기고 있었다. 더욱이 면단위 행사에는 거의 참석한 전례가 없었던 도지사님과 도의회의장님까지 참석하셔서 행사를 더 빛나게 하지 않았나 하는 생각이 든다. 환영사와 축사가 끝나고 감사의 증표를 받는 순서가 되었다. 우리고장 미원 출신으로 국선에 입선하셨다는 서예가께서 쓰신 해불양수(海不讓水)라고 쓴, 서예에 관한한 문외한인 필자가 보더라도 꽤 잘 썼다는 생각이 드는 제법 큼직하고 정성들여 표구를 한 액자를 받았다.

바다는 물을 사양하지 않는다. 다시 말해, 바다는 맑은 물이라고 환영하면서 받아들이고, 혼탁하고 더러운 물이라고 해서 물리치지 않으면서 그 어떤 물이라도 모두 받아들여 거대한 대양을 이루고 그 안에서 정화시키는 작용까지 한다는 뜻이다. 사람을 차별하지 않고 포용할 수 있는 인물됨을 비유하는 표현으로 곧잘 인용되기도 한다. 우리는 살아가는 동안 많은 사람과 인연을 맺고, 그 안에서 생사고락을 함께하며 살아가고 있다. 그런데 때로는 내게 아무런 해를 주지 않는데도 불구하고 주는 것 없이 무작정 미워하고 보기 싫어지는 사람이 있다. 그 사람에 대한 이야기가 나오기만 하면 시기하고 좋지 않는 평가를 하게 된다. 이럴 때 그 사람을 위해 함께 웃어주고 함께 울어주고 기도해 주며 사랑을 나눠주는 삶이 될 수 있다면 진정으로 행복한 쪽은 받는 사람보다는 주는 사람이 아닐까 하는 생각도 해본다. 바다가 맑은 물과 더러운 물을 구분하지 않고 모든 물을 받아들이듯이, 우리의 삶도 좋아하는 사람과 미워하는 사람을 차별하지 않고 모두를 포용하고 끌어 안으면서 살아갈 수는 없을까 하는 꿈을 꾸어본다. 꿈은 언젠가는 이루어진다고 했다.

꿈은 이루어진다

몇 년 전 모 TV 방송국에서 인기리에 방영이 되었던 "칭기즈칸" 이라는 드라마가 있었다. 이 드라마의 주인공 칭기즈칸은 아버지 예수게이가 죽은 후 여러 번 죽을 고비를 넘기면서 자랐다고 한다. 그러나 특유의 포용력과 날카로운 결단력을 지닌 그는 점차 자라면서 아버지의 맹우(盟友)들과 부족민을 다시 규합했고, 신의와 형제애로 똘똘 뭉친 이들 무리들은 죽음을 두려워하지 않고 적들과 싸워, 1206년 부족 간 싸움의 막을 내리게 하면서 마침내 북 몽고의 패자(覇者)가 된 바로 그 사람이다. 너무 오래전의 드라마인지라 전체적인 스토리는 가물가물하지만 극중 대사 중에 쉽게 잊혀지지 않는 대목이 떠오른다. "한 사람이 꿈을 꾸면 비록 꿈에 지나지 않지만, 많은 사람이 같은 꿈을 지속적으로 꾸다보면 그 꿈이 현실로 이루어진다"고 했던 부분이다. 처음에는 그저 한 드라마의 대사로 가볍게 지나쳤었는데 언제부터인가 이 드라마에서 얘기한 꿈도 현실로 이루어질 수 있을 것이라는 확신을 점차 갖게 되었다.

많은 사람들은 자라나는 청소년들에게 "Boys, be Ambitious!"(소년들이여 야망을 품어라)라고 말한다. 같은 맥락에서 볼 때 1940~1945까지 그리고, 1951~1955년까지 2번에 걸쳐 영국 수상을 역임했던 윈스턴 처칠의 어머니도 아들 처칠에게 꿈을 심어주기 위해 처칠이 아주 어렸을 때부터 다우닝가 11번지에 자리 잡고 있는 수상 관저를 자주 데려가서 보여 주면서 이 집이 네가 수상이 되어 살게 될 집이라고 반복해서 주입시켜 주었다고 한다. 이런 영향으로 어린 처칠의 머리에는 언젠가는 영국의 수상이 되겠다는 원대한 꿈을 꾸면서 성장했을 것이다. 이 결과, 2번씩이나 영국의 수상이 된 처칠은 어쩌면 시대를 잘 타고난 우연이 아니라 어머니와 아들이 꿈 꾸어온 준비된 필연의 결과라는 생각을 지울 수 없다.

오 헨리의 단편소설 "마지막 잎새"도 꿈과 희망이 죽어가는 한 생명을 살려낼 수 있다는 것을 보여주고 있다. 실연의 아픔을 이기지 못하고 폐렴으로 병들어 죽어가고 있는 한 처녀가 추워지는 날씨와 함께 창밖 너머로 보이는 담쟁이덩굴 잎새가 하나 둘 떨어지는 것을 보면서 담쟁이 잎이 다 떨어지면 자기의 목숨도 끊어지고 말 것이라는 생각에 젖어 병마와의 싸움도 포기해 버린다. 그 때 같은 건물에 세 들어 사는 평생 동안 사람들에게 인정 받지 못하는 그림을 그리며, 술을 유일한 낙으로 삼으며 살아온 술주정뱅이 늙은 화가가 찾아와 죽음을 기다리고 있는 처녀를 격려해 주고 간다. 비바람이 몹시도 치던 밤이 지나가고 아침이 온다. 열어젖힌 창문 밖에는 다 떨어지고 없을 것이라고 생각했던 담쟁이 넝쿨에 기적처럼 잎이 하나 남아 붙어 있었다. 이 모습을 본 처녀는 삶의 의욕이 생기고 먹을 것을 찾는다. 그러나 그 아침의 거리에는 비바람 치던 간밤에 불편한 몸을 이끌고 죽어가고 있는 처녀를 위해 담쟁이 벽에 역작을 그리고 숨을 거둔 늙은 화가가 쓰러져 있었다.

칭기즈칸이 조국을 통일하고자 하는 원대한 꿈이 없었다면 북몽고의 통일은 이루어지지 않았을 것이고, 윈스턴 처칠의 어머니가 어린 처칠에게 심어준 꿈이 없었다면 처칠도 2번씩이나 영국의 수상을 할 수 있었을는지는 아무도 모를 일이다. 또한, 오 헨리의 소설 마지막 잎새에서 죽어가는 처녀가 담쟁이덩굴의 마지막 잎새를 보면서 살 수 있다는 희망과 꿈을 가지지 않았다면 영원히 깨어나지 못했을 수도 있었을 것이다. 이처럼 인간에게 있어 꿈은 미래이며, 희망이고, 의미 있는 일임에 틀림이 없다. 꿈이 없다는 것은 미래가 없는 것이고, 희망이 없는 것이고, 살아갈 의미가 없는 죽음이나 다름없는 무의미한 일일 것이다. 그러나 꿈을 꾸는 것도 중요하지만 더 중요한 것은 그 꿈을 이루려는 노력일 것이다.

건강이 최고의 선이다

동서고금(東西古今)을 통해 많은 사람들이 건강의 중요성을 이야기할 때 곧잘 인용하는 명언(名言)이 있다. "재산을 잃으면 아무것도 잃는 것이 아니고, 명예를 잃으면 조금 더 잃을 뿐이다. 그러나, 건강을 잃으면 모든 것을 다 잃는다"고 한 말이다. 이 말에 사람들은 지당하신 말씀이라고 맞장구를 치기도 하고, 평소 알고 지내던 지인을 길거리에서 만나게 되었을 때도 흔히들 "건강하시죠?" 하면서 대화를 시작하기도 한다. 이처럼 예나 지금이나를 막론하고 건강을 그 어떤 부와 명예보다 더 중요시하는 것만은 분명한 것 같다. 그런가 하면 건강의 중요성에 공감을 하며 머리를 끄덕이던 사람도, 자신이 건강 문제로 고통을 당해보지 않고서는 건강의 중요성을 강조하는 정도가 약해지거나 아예 건강의 중요성을 잊어버리고 마는 것이 보편화된 것 같다. 필자 역시도 건강했을 때는 건강에 관한 이야기가 나오면 보통 사람들과 마찬가지로 건강이 최고라고 말하면서도, 한쪽 귀로 듣고 한쪽 귀로 흘려보내곤 했었다.

7년여 전, 가슴에 심한 통증을 느끼면서 눈이 떠진 시간이 새벽 4시, 한 달 전에도 비슷한 통증 때문에 검사를 받았었지만 별다른 이상이 없다고 하면서 혹시라도, 같은 증상이 나타나면 처방하라고 받아 놓았던 비상약으로 그런대로 응급조치를 한 다음, 급히 인근 대학병원 응급실로 들어갔다. 응급실에 들어가서도 같은 증상이 몇 번 반복되더니 급기야는 가슴을 쥐어짜는 듯한 흉통과 함께 진땀을 비 오듯 쏟으면서 정신을 잃고 말았다. 몇 분이 지났는지 어슴프레 실눈이 떠진 상태에서 전기 충격을 가하는 심폐소생술(心肺蘇生術)을 받고 나서야 간신히 정신을 차릴 수 있었다. 그 덕분(?)에 그해 크리스마스 이브는 대학병원 중환자실에서 몇 개인지 셀 수도 없는 주사바늘을 꽂고 보내야 했다.

사람들은 사고를 당한 환자를 병문안 가서도 "그만하기를 천만다행"이라는 말로 위로를 한다. 그렇게 따지면 필자 역시도 죽을 고비를 넘나들다가 그 정도에서 멈추고 밝은 세상을 다시 볼 수 있는 행운을 얻게 되었으니 이 얼마나 천만번 다행한 일인가? 그러나 이런 엄청난 고통을 치른 대가로 얻은 소중한 교훈도 있다. 인생을 통틀어 건강보다 더 중요한 것은 없으며, 건강을 잃으면 모든 것을 다 잃는다는 영원불변의 진리를 확실하게 깨달을 수 있게 된 것이다. 이에 늘 감사하며 어느 유행가 가사처럼 하늘이 내 이름을 다시 부르는 그날까지 내게 주어진 소중한 제2의 인생을 건강하고 보람되게 살기로 하고 몸에 나쁘다는 음식은 가급적 삼가하고, 가능한 시간을 내서 운동을 하면서 또 한편으로는 건강의 중요성을 여러 사람들에게 홍보하는 건강 전도사로 살아가려 한다.

지난해 말 도내 각 시·군의 농지 관련 담당 공무원들의 워크숍이 있었다. 그 자리에서 담당 국장으로서 특강을 할 시간이 있어 업무와 관련된 몇 가지 강조와 당부를 한 다음, 나머지 시간은 건강 전도사로서 건강에 관한 얘기를 하면서 7년 전에 이승과 저승을 오고 갔던, 기억하기조차 싫은 아픈 체험담을 들려주었다. 그러면서 건강은 건강할 때 지켜야 진정한 가치가 있는 것이며, 건강을 잃은 다음의 후회는 바보가 하는 짓이라고, 그렇게 되지 않으려면 평소에 건강해지려는 자신과의 끈질긴 투쟁과 노력이 있어야 한다는 말을 몇 번이나 강조하면서 강의를 마무리 했다. 건강은 아무리 강조해도 지나치지 않다는 것을 확신하기 때문에 누구에게라도 자신있게 말할 수 있다. 건강이 인생의 최고의 선이라고….

축복(祝福)의 달 4월을 위하여!

"4월은 가장 잔인한 달/ 죽은 땅에서 라일락을 키워내고/ 추억과 욕정을 뒤섞고/ 잠든 뿌리를 봄비로 깨운다/ 겨울은 오히려 따뜻했다".……(생략) 티.에스 엘리엇(Thomas Stearns Eliot)은 그의 시 「황무지(The Waste Land)」에서 4월을 가장 잔인한 달로 묘사(描寫)하고 있다. 그 이유를 어떤 이들은 전쟁이 끝난 직후 서구의 황폐한 정신적 상황을 '황무지(荒蕪地)'로 형상화하면서, 진정한 재생을 가져오지 않고 공허한 추억으로 고통을 주기 때문이라고 하는가 하면, 어떤 이들은 인류 문명의 황폐성을 드러내고는 있으나 전체의 내용을 통해 결국 과거의 전통과 현대의 접목으로 구원의 미래를 예견해 보고자 하는 점에서 희망의 메시지를 전하는 달이라고도 한다. 과연 황무지라는 시가 없었다면 누가 감히 4월을 잔인한 달이라고 함부로 말할 수 있었을까? 왜냐하면 4월은 살아있는 생명들에게 활력을 주고, 겨울의 긴 동면(冬眠)에서 깨어난 생물들이 기지개를 펴고 활동을 시작하는 생동의 계절이기 때문이다. 그리고 산과 들은 흐드러지게 피어나는 향기로운 꽃들로 넘쳐나고, 동물들은 새 생명을 잉태(孕胎)하기 위한 짝짓기를 하는 희망의 계절이기도 하기 때문이다. 또한 많은 사람들이 일생일대 가장 큰 경사라고 할 수 있는 결혼식을 이 4월을 택하고 있는 것을 볼 때 더더욱 그런 생각이 든다.

지난주 말에는 집식구와 함께 대청호(大淸湖)변에 자리 잡고 있는 양성산을 올랐었다. 등산하기에 그리 어렵지 않은 코스지만, 산행이 가파른 계단과 비탈길로 시작되는 관계로 아마추어에게는 꼭 녹녹치만도 않은 그런 산이다. 코끝을 땅에 박고 가파른 계단을 오르는 데만 정신을 쏟다보면, 출발하기 전, 정상에 올라 일상에서 찌들었던 답답한 가슴을 활짝 열고 심호흡이라도 해볼까 했던 마음조차 통째로 잊어버리고 만다. 족히 10여 분을 오르고 숨이 턱까지 차오를 때쯤, 적당한 위치에 자리 잡고 있는 쉼터에서 잠시 쉬어가기로 했다. 가쁜 숨을 어느 정도 추스르고 난 후에야 발밑에 밟혀있던 낙엽들이 시야에 들어왔다. 두 발로 살포시 밀쳐 보았다. 놀랍게도, 그 낙엽들 밑에는 마치 출격 명령만을 기다리고 있는 특수부대 요원들 같은, 노란 새싹들이 머리를 잔뜩 수그린 채 웅크리고 있었다. 언제라도 거추장스런 위장용 낙엽들을 밀어 제치고 세상 밖으로 튀어나올 준비를 하고 있었던 것이다.

더 멀리 고개를 돌려보았다. 햇볕이 잘 드는 양지바른 곳에는 예년에 비해 늦은 감이 있지만 진달래꽃이 무리를 지어 피고 있었고, 벚꽃나무와 산수유나무도 다투어 꽃망울을 터뜨리고 있는 모습을 볼 수 있었다. 참으로 생동감을 느껴 볼 수 있었던 그런 하루였다.

그러기에 4월을 잔인한 달이라고 하는 데에는 그 어떤 이유에서든 동의하기 곤란하다. 아마도 티.에스 엘리엇도 4월을 살아있는 고귀한 생명들이 엄동설한(嚴冬雪寒) 속에서도 질긴 생명의 끈을 놓지 않고 용케도 견디어 내면서, 덮고 있던 낙엽들을 힘겹게 밀쳐내고 밖으로 나오려 몸부림치는 안타까운 모습을 차라리 잔인하다고 표현하지 않았을까 하는 생각을 나름대로 해본다. 여리디 여린 초록식물들이 무거운 짐을 들어 올리고 밖으로 나오려는 처절한 모습을 머릿속으로 상상해 보라. 이 얼마나 경이(驚異)로운 일인가? 이에 비해 우리의 삶은 어떠한가? 참고 견딜 수 있는 인내심(忍耐心)은 가지고 있는가? 난관을 헤쳐 나가려는 지혜(智慧)와 용기(勇氣)는 가지고 있는가? 누구도 쉽게 Yes라고 대답할 수 없을 것 같다. 그렇다면 이제부터라도 마음가짐을 새롭게 함으로써 잔인한 달 4월을, 진정한 축복의 달 4월로 승화(昇華)시켜 나갈 수 있게 되기를 기대해 본다.

축의금(祝儀金) 에피소드

예로부터 결혼은 '인륜지대사(人倫之大事)'라고해서 우리 인류사에 있어서도 중대한 일 가운데서도 으뜸으로 여겨 온 것 같다. 혼사(婚事)를 치르기 위해서는 결혼식 날짜를 잡는 것이 무엇보다 먼저 해야 하는 일이 아닌가 하는 생각이 든다. 그리고 날짜를 잡을 때에는 소위 말하는 족집게 역술인의 도움을 받는 것은 별개로 치더라도, 신랑신부 양가(兩家)의 입장만을 생각해서 쉽고, 편할 대로 결정할 일만은 아닌 것 같다. 왜냐하면 결혼은 양 당사자들만의 일이 아니고 결혼을 축하해 주기 위해 식장(式場)을 찾아주는 하객(賀客)들의 입장도 충분히 고려되어야만 하기 때문이다. 어찌 됐던 이런저런 사정을 감안해서인지 결혼식 날로 가장 많이 선호하고 있는 계절은 형형색색(形形色色)의 아름다운 꽃들이 피어나는 생동의 계절 봄과, 풍성한 황금 들판과 단풍으로 물 들여지는 가을이 아닐까 하는 생각을 해본다. 그리고 이 계절은 본격적인 농번기(農繁期)를 피한 철이라 일손도 어느 정도 여유가 있어 하객들의 입장도 충분히 고려된 것으로 볼 수 있기 때문일 것이다.

그래서인지 매년 반복되는 일이지만 이때쯤 주말이 되면 적게는 2~3건, 많을 때는 7~8건의 결혼식 초청장을 받게 된다. 공직자로서 아무리 적게 성의(誠意)만 표시한다 해도 연간으로 볼 때 만만치 않은 거금(巨金)이 부조금으로 나가게 된다. 부조금을 보내면서 누구나 한번쯤은 느꼈을 법도 한 일이지만 정말로 아이러니한 면이 없지 않다. 부조금이란 상부상조(相扶相助)하는 것인데도 받을 때는 당연한 것을 받는 것으로 생각을 하고, 반대로 부조금을 보낼 때에는 교통법규를 위반했을 때 물게 되는 범칙금(犯則金)처럼, 때로는 오랜만에 만난 친구들과 재미삼아 벌인 고스톱 게임에서 더 크게 먹어보려고 고(go)를 하고나서 게임에 져 다른 친구들이 내야 할 몫까지를 혼자 물어내야 할 때처럼 아까운(?) 마음이 드는 것은 꼭 필자만의 생각은 아닐 것이다.

매주 목요일이나 금요일에는 그동안 받아 놓았던 초청장을 꺼내서, 직접 가봐야 할 곳과 인편으로 전해 주어야 할 곳, 그리고 송금시킬 곳을 구분하면서 축의금 봉투를 준비하곤 한다. 몇 주 전인가 보다. 월요일 아침 출근을 하자마자 같이 있는 여직원이 어저께 ㅇㅇㅇ님께 보낸 축의금 봉투에 얼마를 넣었느냐고 물어

왔다. 왠지 모르게 무언가가 잘못된 것 같은 예감이 들었다. 얘기인즉 그 봉투에 5천 원짜리 1장만이 달랑 들어 있었다는 것이다. 그랬었다. 그날도 5개의 축의금 봉투를 만들었는데, 5만 원권을 넣은 봉투 2개와, 1만 원권으로 넣은 봉투 3개로 나누어 만들었던 기억이 난다. 그런데 착오로 5만 원권 대신 5천 원권을 넣었던 것이 아닌가 하는 생각이 든다. 물론 고의가 아닐 것이라고 이해는 해 주겠지만, 미안한 마음에 전화도 못하고 부랴부랴 5만 원을 다시 보낼 수밖에 없었다. 그런데 더 우스꽝스런 일은 5만 원을 받은 혼주(婚主) 측에서, 물건 값을 제하고 남은 거스름돈을 내 주듯이 처음 보냈던 5천원을 되돌려 보내온 것이다.

가정의 달 5월도 중순을 넘어서고 있다. 더구나 5월 21일은 둘이 하나가 된다는 의미를 담은 '부부의 날'이다. 이번 주에도 어김없이 몇 건의 초청장이 사무실과 집으로 이미 도착해 있다. 같은 실수를 범하지 않으려고 봉투 하나하나에 넣을 내용물을 두 번, 세 번 확인해 가며 평소와 다름없이 축의금 봉투를 준비하고 있다. 그리고 진심으로 기도해 본다. 얼마 전 결혼한 사랑하는 내 딸아이를 포함해, 둘이 하나 되기 위해 새롭게 출발하는 세상의 젊은 선남선녀(善男善女)들의 앞날에 큰 영광과 축복이 함께 하기를.

가족(家族)의 소중함

필자의 형제자매(兄弟姉妹)는 위로 형님 한 분과 누님 두 분, 아래로 여동생이 한 명 있다. 실제로는 형님 두 분과 여동생 한 명이 더 있었는데 형님 두 분은 어려서 잃었다고 들었고, 여동생은 결혼을 해서 첫 아이를 출산하다 잘못돼 부모님보다도 먼저 하늘나라로 가고 말았다. 그러다보니 8남매 가운데서 셋을 잃고도 적지 않은 숫자인 5남매가 남게 된 것이다. 우리 5남매가 태어난 시기는 1940년대 초반에서 1950년대 말, 그러니까 일제 식민지와 광복(光復), 그리고 동족상잔의 비극 6.25를 전후해서 태어났다. 꿈에도 그리던 해방도 맞이했고 피비린내 나던 전쟁도 끝이 났지만 남은 것이라고는 온통 폐허와 굶주림 등 그야말로 어렵기만 했던 시대 상황이었다. 그러다보니 우리시대 부모님들은 초근목피(草根木皮)로 연명해 가면서 자식들을 먹여 살리고 공부를 시켜야만 했었다. 마땅히 뾰족한 송곳 하나 꽂을 만한 땅 한 평 없었던 필자의 부모님도 예외는 아니어서 다섯 자식들을 먹여 살리기가 수월하지 않았을 것이라는 것은 충분히 짐작이 가고도 남는다. 당시는 삶의 질(質)을 이야기한다는 것은 오히려 사치였고, 배부른 투정이었다. 오로지 의식주(衣食住) 해결이 급선무였던, 지지리도 어렵고 힘든 시절이었다. 자식들이 다 성장한 1979년 아버님께서는 먼저 세상을 떠나셨고, 형님과 함께 집안 살림을 도맡아 오셨던 어머님마저도 1987년에 홀연히 세상을 등지셨다. 그렇게 세월은 잠시의 멈춤도 없이 흘러 필자보다 10년 연상인 형님의 연세가 어느새 고희(古稀)를 눈앞에 두고 있고, 두 분 누님들도 이미 60대 초중반을 훌쩍 넘겨 버렸다. 하기야 필자의 나이가 공자께서 말씀하신 지천명(知天命)을 지나, 이순(耳順)을 코앞에 두고 있으니 '세월 앞에는 장사(壯士) 없다'라는 말이 실감이 간다. 또한 세월의 흐름은 활시위를 떠난 화살 같아서 잡을 수도 없을 뿐더러 그 빠르기가 먹어가는 나이 숫자보다도 몇십 곱절은 더 빠른 느낌으로 다가오는 것은 아마도 필자만의 생각은 아닐 것이다.

부모님께서 돌아가시고 나서도 우리 5남매는 각자의 가정에서 우리네 부모님들이 하셨던 그대로 자식들을 먹여 살리고 공부시키느라 같이 만날 수 있는 기회가 그리 많지 않았다. 설이나 추석명절, 그리고 부모님 기일(忌日)에 시간이 될 경우에만 1년에 한두 번 만나는 정도였다. 그러다보니 시간이 맞지 않을 때에는 1년이 지나도록 얼굴 한 번 못 보는 해도 있곤 했다. 그러던 차에 5~6년 전인가보다, 이래서는 안 되겠다 싶어 분기(分期)에 한 번 씩 모임을 갖는 것이 어떻겠냐는 제안이 나오고, 그 자리에서 모두가 대찬성을 해 바로 실행에 옮기게 되었다. 이렇게 시작된 모임이 충주의 수안보, 단양의 소백산, 제천의 덕동계곡, 그리고 옥천의 장령산, 증평의 좌구산 등 충북 도내 가보지 않은 곳이 없을 정도로 다니면서 지금까지 이어져 오고 있다. 모임이 이렇게 잘 되고 있는 데에는 시작부터 지금까지 모든 것을 혼자서 준비하고 세심하게 챙기는 아내가 있었기에 가능했음을 부인할 수 없다. 고맙기만 하다. 지난 5월 9일 어버이날에도 단양의 대명콘도에서 2/4분기 모임을 가졌다. 만남은 웃음으로부터 시작된다. 먹고 사는데 바빠 신경 쓰지 못했던 서로의 안부를 물으며, 어렸을 때 지지고 볶으며 고생했던 일, 툭하면 싸우곤 해서 꾸지람을 듣던 일, 그리고 시골 ○○○가 돌아가셨다는 얘기, 그런 어려운 환경 속에서도 항상 웃음이 끊이지 않아 주변의 많은 사람들로부터 형제간에 우애(友愛) 있는 집안이라고 부러움의 대상이 되었던 일들을 회고하면서 하루 저녁을 날밤으로 새울 때가 한두 번이 아니다. 그러고서도 모자라 다음번 모임이 기다려지는 것은 가족의 소중함을 서로가 너무도 잘 알고 있기 때문일 것이다.

아버지와 아들의 대화

얼마 전 봄기운이 완연한 어느 공휴일, 지인과 함께 모처럼 청주를 벗어나 상쾌한 기분으로 드라이브를 하고 있었다. 이런저런 얘기를 나누고 있는데 마침 과천에서 공무원 생활을 하고 있는 아들한테서 전화가 걸려왔다. 노는 날인데 뭐 하세요? 아침 식사는 하셨어요? 안부 인사를 묻는다. 그리고는 오늘 저녁 청주에서 고등학교 동기들 모임이 있어 집에 온다는 말과 함께, 기왕에 청주에 내려오는 길에 청주에서 초등학교 선생님으로 근무하고 있는 여자 선생님과 미팅을 갖기로 약속을 했다는 것이다. 지난번 집에 왔을 때 느닷없이 맞선을 볼 수 있게 청주에 있는 초등학교 여자 선생님을 소개시켜 달라고 제 엄마에게 이야기를 했던 기억이 난다. 어찌 보면 요즘 아이들 같지 않은 생각도 든다. 이 말을 들은 집사람이 결혼할 나이도 충분히 된 터이고 해서 잘됐다 싶었던지 오래전부터 친하게 지내는 필자의 친구 부인(초등학교 선생님)에게 주위에 좋은 선생님 한 분 소개시켜 달라고 부탁을 했던 모양이다. 어려운 부탁을 받은 친구부인이 고민 끝에 상대방 여자 선생님께도 이런 얘기를 해주고, 집사람에게도 그 여 선생님의 전화번호를 알려온 것이다. 그러자 두 사람이 핸드폰 문자메시지를 통해 만나기로 서로 약속을 했던 모양이다. 그러고도 아들과 한참동안 대화를 더 나누고 나서야 저녁에 집에서 만나자는 말과 함께 전화를 끊었다. 옆에서 한참을 듣고 있던 지인이 아드님과의 전화 같은데 꼭 친구와 대화하는 것 같아 보기가 너무 좋아 보인다는 말을 한다.

필자가 어렸을 때는 우리나라 대부분의 가정의 모습은 지금과는 비교도 할 수 없을 정도로 여성이 남성에 비해 상대적으로 대우를 받지 못하던, 전형적인 가부장적(家父長的) 사회 현상을 당연한 것으로 받아들이는 그런 분위기였다. 아버지는 어머니를 포함한 가족 구성원 그 누구도 쉽게, 그리고 편하게 접근해서 대화를 나눌 수 있는 그런 상대가 아니었다. 물론, 아버지께서 틀린 말씀을 하시지는 않으셨지만 설령 자신의 생각과 다른 말씀을 하신다 하더라도 일단은 수긍하고 아버지의 말씀을 따라야만 했다. 그렇지 않고 내 주장을 하고 이유를 따진다면 이는 곧 되바라진 못된 후레자식이 될 수밖에 없었다. 사회 전체가 그런 분위기이다 보니 필자 역시도 아버지에게 어리광을 부린다거나 재롱을 떤다는 것은 생각하지도 못하고 자랐다. 거기다가 필자의 아버지께서는 밖의 일이 얼마나 바쁘셨던지 아버지 얼굴을 볼 수 있는 날이 그렇게 많지 않았다. 그래서 아버지와의 관계가 더 서먹서먹할 수밖에 없었다. 어린 마음에도 아버지께서 밖에서 지내시다 며칠 만에 한 번씩 집에 들어오시면 아버지께서 당신 집에 오신 것이 아니라, 마치 어려운 손님이 집에 오신 것 같은 그런 생각을 갖곤 했다. 그러다 보니 분위기상 아들과 아버지의 대화는 순조롭게 이어질 리가 없었을 것이다. 이처럼 아버지와의 대화가 익숙하지 못했던 탓에 아버지께서 물으시는 말씀에만 간단하게 대답을 하고는 불편한 그 자리를 얼른 뜰 생각만을 하고 있었던 것이다. 적어도 아버지와의 관계에서만은 필자의 어린 시절은 그렇게 지내왔다. 나중에 아버지께서 돌아가시고 나서 생각을 해보니 그런 가운데서도 아버지께서는 아들과의 대화를 원하셨고 아들과 친해지시기를 바라셨던 것이 아니었나 하는 생각을 해본다.

지금은 다시는 뵐 수 없는 먼 곳에 계시기에 더욱더 안타깝고 그립기만 하다. 아버지께서 아들과의 대화를 원하실 때 함께 해드리지 못한 죄스러움이 가슴에 송곳처럼 꽂혀온다. 다음 주말 아들이 집에 오는 날엔 술 한 잔 나누면서 아버지께 못해드렸던 그 이상의 대화를 아들과 함께 나눌 작정이다.

사랑하는 딸에게

며칠이 지나면 사랑하는 딸아이가 둥지를 떠나, 평생을 아끼고 사랑하며 살겠다고 손가락 걸며 약속한 인생의 반려자를 만나 새로운 삶을 시작하려 합니다. 29년 전, 첫 울음과 함께 한 가족이 되어 우리를 한없이 즐겁게도 하고 많이도 힘들게 했던, 그러나 옛 어른들 말씀대로 눈에 넣어도 아프지 않을 그런 아이였습니다. 아마도 자식에 대한 이런 마음 세상 모든 부모님들의 공통분모일 것입니다.

딸아이와 헤어진다는 것이 점점 기정사실로 굳어지면서 어느 날 문득 내 삶을 되돌아보니, 어느새 불혹(不惑)과 지천명(知天命)을 훌쩍 뛰어넘어 "생각하는 것이 원만하여 어떤 말을 들어도 곧 이해가 된다"는 이순(耳順)을 향해 숨 가쁘게 오르고 있었습니다. 그러고 보니 코흘리개였던 딸아이도 그 세월의 흐름만큼 자라서 우리 곁을 떠나려는 것은 어쩌면 순리인 것 같습니다.

결혼이라는 것이 인연을 아주 끊는 것도 아닐진대, 딸아이를 막상 떠나보내려니, 따뜻한 사랑 한 번 제대로 주지 못했던 후회스러움이 가슴을 찌르는 못질로 부메랑이 되어 돌아올 줄은 미처 생각지도 못했습니다. 헤어진다는 것도 아직은 무덤덤하고 필(feel)이 확 꽂히지는 않습니다만, 분명한 것은 며칠만 지나면 딸아이가 우리 곁을 떠나게 되고 더 이상 한 지붕 밑에서 한 가족이라는 이름으로 즐거움과 기쁨, 아픔을 같이 나눌 수 없다는 것이 안타깝기만 합니다.

축하를 해 주어야 할 식장에서 딸아이의 작은 손을 신랑에게 넘겨 줄 때, 아마도 내 눈에서는 눈물이 나올 것 같은 예감이 들곤 합니다. 아마도 그동안 잘 해주지 못한 미안함, 그런 것들이 복잡한 화학적 반응을 거치면서 눈물이라는 결정체(結晶體)로 나타나려는 것이 아닌가 싶습니다. 그래서 이런 내 마음을 가족들에게 말하자 딸아이는 "우리 아빠 정말 울어버리면 어떡하나"고 벌써부터 걱정입니다. 그러지 않겠다고 다짐을 해 보지만 꼭 그렇게 할 수 있을는지도 미지수이구요.

새롭게 출발하는 딸아이의 제2의 인생, 사랑하는 사람과 오로지 아끼고 이해하며, 부족함 없고 미움 없는 행복한 삶을 살아 주었으면 합니다. 다행히도 영원한 철부지라고만 여겼던 딸아이가 결혼을 앞두고 이것저것 챙겨가는 모습을 볼 때, 크게 걱정하지 않아도 될 것 같아 한편으론 마음이 놓이기도 합니다.

그리고 30여 년이 지난 훗날, 딸아이의 자식이 성장을 해서 결혼을 시키게 될 때, 지금 우리가 사랑하는 딸을 시집보내면서 못내 아쉬워하는 것 같은 마음 들지 않도록 살아 주었으면 합니다. 꼭 그렇게 되기를 두 손 모아 간절히 기도하겠습니다.

우리 딸 화―이―팅!

단양(丹陽)의"넝쿨장미 터널"

자동차의 통행량이 많은 대로(大路)에서 한 블럭 정도 안길로 들어가 보면, 요즘 흐드러지게 피어있는 넝쿨장미를 흔히 볼 수 있다. 일반주택은 물론이고 학교 등 공공기관의 담장은 어김없이 담홍색(淡紅色) 넝쿨장미 꽃들이 온통 담벼락을 덮어버리고 있다.

필자는 1995~1996년까지 1년간 단양군 부군수로 근무한 적이 있다. 단양 부군수로 부임(赴任)하라는 통지를 처음 받았을 때, 속으로는 썩 내키지 않았을 뿐 아니라, 가지 않을 수만 있다면 가고 싶지 않은 그런 곳이기에 속앓이를 해야만 했다. 이유는 간단했다. 단양은 충북 도내 12개 시 · 군 가운데 도청 소재지인 청주에서 가장 먼 거리에 위치하고 있어 출퇴근은 아예 엄두도 낼 수 없고, 잘해야 1달에 한두 번 집에 올까 말까 한 곳이기 때문이었다. 그럼에도 불구하고 예나 지금이나 공무원이란 그 직을 그만 두려면 몰라도 종이쪽지 한 장에 어디든 가야한다는 철칙 때문에 고민하지 않을 수 없었다. 아무리 생각해도 공직을 그만 두기에는 아직 할 일이 너무 많이 남아 있었다. 두 아이들이 학교를 마칠 수 있도록 뒷받침도 해 주어야 하고, 직장에 있을 때 결혼도 시켜야 한다는 생각을 하니 가슴이 콩알만해지면서 괜스레 사서 고생해야 하는 그런 모험을 하기가 싫었다.

그렇게 해서 단양군에서 근무하게 되었고 시간이 흐르면서 단양에 대한 이미지가 나도 모르게 바뀌어 가고 있음을 느낄 수 있었다. 점차 단양의 아름다움에 빠져들고 있었던 것이다. 상·중·하선암과 사인암(舍人岩), 옥순봉과 구담봉, 그리고 도담3봉과 석문(石門) 등 단양팔경(丹陽八景)은 말할 것도 없고, 소백산과 맑고 깨끗한 청정계곡이 나른 붙잡고 놓아 주지를 않았다. 이에 그치지 않고, 소박(素朴)하면서도 꾸밈없는 단양사람들이 표 나지 않는 속정을 주면서 나를 점점 단양인(丹陽人)으로 만들어 가고 있었기 때문이다. 그런 정(情)은 4년이 다 되어가는 지금까지도 이어져 오고 있다. 봄이 되면 두릅 등 산나물이, 마늘을 캘 때쯤이면 6쪽 마늘이, 그리고 가을이 되면 소백산 고산지대에서 수확한 당도 높은 사과가 집으로 배달되곤 한다. 이렇게 고마운 사람들 때문에 더욱더 단양을 사랑하게 되지 않았나 싶다. 이런저런 여러 요인이 나를 단양에 푹 빠져들게 만들었지만 그 중에서도 지금 이맘때가 되면 꼭 한번은 가보고 싶은 충동을 느끼게 하는 장소가 한 군데 있다.

단양에는 충주호 강변을 따라 자연훼손을 최소화시키면서 만들어 놓은 "넝쿨장미 터널"이 있다. 기억으로는 1킬로미터는 족하게 될 것 같은 길에 우레탄을 깔고, 길 양 옆과 위로는 알루미늄 파이프 터널을 만들어 넝쿨 장미가 감아 오를 수 있도록 해 놓은 터널이다. 장미꽃 개화가 절정을 이룰 때면 지역 주민들은 물론이고, 주말을 이용해 단양을 찾은 관광객들까지도 누가 먼저라고 할 것 없이 이곳 장미터널을 찾는다. 때로는 연인끼리, 때로는 가족과 함께 손을 잡고 하늘이 보이지 않을 정도로 덮어버린 장미꽃 터널을 걸을 때는 혹시라도 하늘을 우러러 부끄러운 일이 있을지라도 넝쿨장미 터널이 하늘을 가려주면서 사랑으로 감싸 주기도 하고, 옆 사람과 부딪쳐도 짜증은 커녕 오히려, 반갑게 눈인사를 나누는 아름다운 모습을 볼 수 있는 곳이기도 하다. 그래서 장미터널은 꽃말처럼 욕망과 열정 그리고, 기쁨과 아름다움이 넘쳐나는 희열감(喜悅感)을 느낄 수 있는 최적의 장소라고 확신한다. 금년에도 어김없이 장미꽃은 피었을 텐데 가 볼 수 없기에 안타깝기만 하다. 내년에는 꼭 장미터널에 가서 단양 사람들의 따뜻한 숨결을 다시 한번 느껴 보겠노라고 다짐을 해본다. 그리고 찌든 일상에서 벗어나 잠시 휴식이라도 취할 요량이라면 이곳 단양의 "넝쿨장미 터널"에 가서 열정과 욕망을 키워보라고 감히 권하고 싶다.

"구(求)해서 얻는 것… 버려서 얻는 것"

필자는 개인적으로 천주교(天主敎)에 적을 두고 있다. 그렇다고 종교생활을 모든 일에 우선할 정도는 아니다. 다만, 부득이하게 해외 출장을 나가게 되었을 때나, 몸이 불편해 병원에 입원하게 될 때와 같이 어쩔 수 없는 경우를 제외하고는 가급적 주일 미사(라틴어 : missa)만은 꼭 참석하려고 노력하고 있다. 두어 달 전으로 기억된다. 낮 미사 시간은 약속이 있는 관계로 새벽미사에 참여하게 되었다. 그때 본당 신부님께서 강론(講論)을 하시면서 예를 들어 설명하셨던 "구해서 얻는 것과, 버려서 얻는 것"에 대한 말씀이 정확하게 기억하지는 못하지만 한참이 지난 지금까지도 뇌리에서 지워지지를 않는다.

예컨대 구해서 얻는 것이란 돈을 주고 아파트를 사거나, 자동

차를 구입하거나, 골프 회원권을 사는 등 재산적 가치가 있는 것들을 사들이는 경우가 될 것이다. 그러나 인간의 욕심이란 끝이 없어서 없었을 때와 지금을 비교해 얻은 것에 대해 감사 하기 보다는, 지금보다 더 많은 것을 더 좋은 것을 쟁취하기 위해 호시탐탐(虎視耽耽) 기회만 노리고 있는 것이 아닌가 하는 생각을 지울 수 없다. 이처럼 구해서 얻는 것은 그 얻음이 아무리 커도 또 다른 더 큰 목표가 생기기 때문에 만족이란 있을 수 없는 것이 분명하다. 옛 말에도 "99석 벼농사 짓는 사람이 1석 농사짓는 사람 것마저 빼앗아 100석을 채우고 싶어 한다"는 말이 있다. 어찌 보면 필자를 포함한 보통 사람들 본래의 심성이라고 해도 크게 틀린 이야기는 아닐 것 같은 생각이 든다. 또한 이런 일들은 주머니 사정만 허락된다면 누구라도 원하는 것을 얼마든지 구할 수 있는 것들이기에 그렇게 가치 있는 일이라고는 할 수 없을 것이다.

또 다른 하나는 구해서 얻는 것이 아니라 사심(私心)없이 자신을 버릴 때 얻어지는 것들이 있다. 이를테면 어린이, 노약자, 장애인들과 같이 어려운 처지에 있는 사람들이 자신들 스스로 하기에는 힘이 부족해 다른 사람의 도움을 간절하게 필요로 할 때, 아무런 조건 없이 이들에게 도움을 주는 일 등이 이에 해당된다고 할 수 있을 것이다. "금을 얻기 위해서는 마음속에 가득 찬 은을 버려야 하고, 다이아몬드를 얻기 위해서는 또 어렵게 얻은 그 금마저 버려야 한다는 말이 있다" 그러나 버리는 일은 그것이 무엇이든 결코 쉬운 일이 아니다. 버렸을 때 얻어지는 성과물도 눈에 보이지 않을 뿐 아니라 손에 잡히는 것도 없기 때문이다. 또한 자신을 버림으로서 버린 것보다 더 큰 만족감을 얻는 일에는 그 크기나 작음을 따질 필요가 없다. 설령 버리는 사람의 입장에서 보면 보잘 것 없는 작은 일이라도 도움을 필요로 하는 사람들에게는 큰 힘이 될 것이기 때문이다. 이처럼 버려서 얻는 것은 아무리 작아도 덤으로 얻는 기분이기 때문에 만족과 기쁨이 따르게 마련이다. 그러나 자신을 버리고 희생시키는 일이란 말처럼 그렇게 쉽지도 않을 뿐더러 누구나 할 수 있는 일도 아니기에 더욱더 가치 있는 일이 될 것이 분명하다.

우리 주변에서도 남들이 알게 모르게 봉사 활동을 하고 계시는 분들을 많이 볼 수 있다. 어려운 처지에 있는 이웃에게 금전적인 지원을 해주는가 하면, 때로는 자신을 희생하면서 몸으로 봉사를 하기도 한다. 그뿐이 아니다. 주변에서 이루어지는 크고 작은 행사에 참여해서 여러 가지 형태로 봉사를 하기도 한다. 이처럼 자신을 버릴 줄 아는 사람들이 많은 사회는 분명 건강한 사회가 될 것이고, 그렇게 될 때 우리나라도 당당한 모습으로 선진 일류국가 대열에 자연스럽게 합류하게 될 것이라고 기대해 본다.

아주 특별한 인연(因緣)

얼마 전 충주시 외곽에 위치하고 있는 중원CC에서 직장 동료들과 함께 운동을 하게 되었다. 몇 달 전부터 벼르고 벼르던 계획이 무산되기를 반복하던 끝에 마침내 이루어진 것이다. 골프를 시작한 지도 8년여가 되지만 운동을 하기로 결정된 그 시간부터 기분이 업(up) 되고 조금은 흥분되기까지 하는 것은 그때나 지금이나 변하지를 않는다. 혹시라도 흥분된 마음을 억제를 해보려 해도 쉽게 자제가 되지 않을 뿐더러 그런 상태는 첫 홀 티샷을 하는 그 순간까지 지속이 된다. 말할 것도 없이 운동하기 전 날 밤은 늘 그렇듯이 잠을 설치기 마련이다. 그 날 밤도 예외는 아니어서 제대로 잠을 이루지 못하고 새벽을 뜬 눈으로 맞아야 했고 아침을 먹는 둥 마는 둥 시늉만 내고 짐을 챙겨 일행과 만나기로 되어있는 약속 장소로 달려간다. 청주에서 1시간 반 정도를 달려 7부 능선도 넘는 산 정상 가까이에 있는 골프장에 도착했다. 차에서 내리자마자 심호흡을 크게 하고 시야를 먼 곳으로 돌려 보았다. 조그마한 면 소재지의 시가지(市街地)며 온통 초록색인 들녘, 그리고 크고 작은 산들이 한 폭의 아름다운 동양화를 보는 듯 입체적으로 클로즈업되어 왔다. 잠시라도 도심에서의 찌든 일상을 벗어나 자연과 함께 한다는 것이 이처럼 기분까지도 바꿀 수 있다는 것을 다시 한 번 확인하는 그런 시간이었다.

떨리는 가슴을 안고 드디어 라운딩은 시작되었다. 잠 못 이루면서까지 잘할 수 있을 것 같았던 기대감은 첫 홀부터 여지없이 무너지고 만다. 오기도 부리며 욕심도 내 보지만 혹시나가 역시나로 입증되는 순간이다. 그럭저럭 전반 마지막 홀까지 오게 되었다. 그렇게도 헤매기만 하던 티샷이 제대로 맞는 것 같더니만 너무 멀리 날아가면서 옆 홀로 OB가 나고 말았다. 웅성웅성 사람들이 모여드는 걸 먼 발치에서 보면서 어쩐지 좋지 않은 예감이 뇌리를 확 스쳐간다. 아니나 다를까 조금 전 친 공에 사람이 맞았다는 것이다. 사람들이 모여 있는 곳으로 부랴부랴 달려가 다친 사람의 상처를 어루만지며 미안하다는 말을 연신 해대도 상대방은 눈길 한번 주지 않고 치료에만 전념하고 있었다. 다행히도 다친 부위가 무릎 종지뼈 옆이라 골절까지는 되지 않았을 것 같은 생각은 들었지만 어쩐지 불길한 예감이 들었다. 아니나 다를까 전반이 끝나고 잠시 휴식을 취하고 있는데 골프장 측 여직원이 와서 상대방이 뼈가 어떻게 되었을지도 모르는 일이니 명함을 교환하자는 것이다.

어쩔 수 없는 노릇이었다. 명함을 건네주고 나니 잠시 후에 전화벨이 울린다. "강 국장님, 저 1년 전에 서울에서 한 번 만나 라운딩을 했던 조○○입니다" 하면서 "다친 다리는 괜찮을 것 같으니 걱정하지 말고 재미있게 운동을 하십시오."라고 한다. 그랬었다. 지난해 서울에 사는 조카와 함께 라운딩을 했던 기억이 떠올랐다. 상처부위를 확인할 때는 경황중이라 서로의 얼굴을 보지 못했다가 명함을 받고나서야 필자라는 것을 확인하고 부랴부랴 진화를 했다고 한다. 1년 전에 딱 한번 만나 운동을 했던 동반자들이 1년 후에 충주에 있는 골프장에서 서로 다른 팀으로 운동을 하다가 필자가 친 공에 맞았으니 확률적으로 계산을 해도 엄청나게 낮은 확률임은 분명하다. 참으로 묘한 인연이 아닐 수 없다. 다음날 병원에 가보니 특별한 이상은 없다고 전화가 왔다. 천만다행이다. 그때서야 가벼운 마음으로 통화를 하면서 우리나라 속담에 삼세번이라는 말이 있다는 얘기를 핑계로 첫 번째 동반자들끼리 다시 한 번 운동을 하기로 했다. 그리고 그 약속은 1달 후에 이루어졌고 그날의 얘기를 안주삼아 즐거운 시간을 보낼 수 있었다.

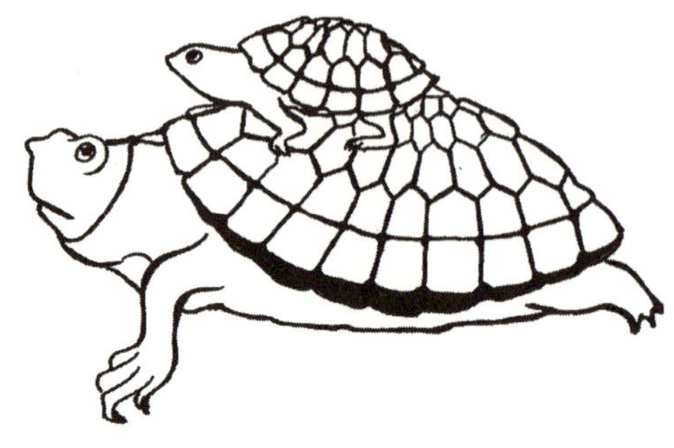

모깃불 그을음 냄새와 어머님이 생각나는 계절

기상청에서는 오늘도 어김없이 폭염주의보를 전국으로 확대 발표하면서 어린이와 노약자들에 대한 주의를 게을리하지 말라는 경고를 한다. 요즘처럼, 한밤의 최저기온이 25℃를 넘는 열대야가 지속적으로 나타나는 현상은 2000년대 들어 처음이라는 해설도 빼놓지 않는다. 온 대지가 펄펄 끓어대는 이맘때쯤이면 금년 여름을 어떻게 하면 무사히 넘기고 살아(?) 남을 수 있을까 고민하지 않을 수 없다. 왜냐하면 필자는 생각만 해도 숨이 막힐 것 같은 단독주택 2층 슬라브 지붕 밑에서 살고 있기 때문이다. 그래서 생각다 못해, 8년 전에 미관상으로는 썩 마음에 들지는 않지만 그런대로 태양열을 조금이라도 덜 받게 해보려고 옥상에 빨래

건조대로 쓰기 위해 만들어 놓은 파이프 위에 검은색 천으로 된 차광막을 특별 주문 제작해 가운데는 조금 높고 양 옆으로는 낮아지게 하는 방식으로 차일(시골에서는 채알이라고 했음) 치듯이 덮어 놓았지만, 하루 종일 달구어진 바닥의 열 기운은 시멘트벽을 타고 방으로 전달돼서 실내 온도는 거의 찜질방 수준이라 에어컨을 켜지 않을 때에는 가만히 앉아 있기만 해도 땀방울이 등줄기를 타고 줄줄 흘러내릴 지경이다.

그러기에 삼복더위가 되면 더더욱 시원하기만 했던 고향을 생각하게 된다. 필자가 태어나고 자란 곳은 행정구역상 충북 청원군 미원면 금관리 2구로서 자연부락 명칭은 '깊은골' 이라고 불리는 그야말로 하늘만 빠끔하게 올려다 보이는 첩첩산골이다. 그곳에서 태어나 공무원 생활을 시작할 때까지 살았던 바로 그 고향에는 전기불이 들어오지 않아 선풍기나 에어컨은 구경도 하지 못했을 뿐 아니라 시내버스도 다니지 않아 어쩌다 타지로 나갈 일이라도 생기면 버스 정류장이 있는 괴산군 청천면 소재지까지 1시간 정도는 족히 걸어 다녀야 했던 불편함은 있었지만 지금처럼 여름철 찜통더위를 걱정하지는 않았던 것 같다. 태양이 이글거리는 한 낮에는 바쁜 일손을 멈추고 마을 한가운데 자리 잡고 있는 커다란 느티나무(지금은 고사목이 되었음) 그늘 아래로 남녀노소 가릴 것 없이 옹기종기 모여들어 누군가가 방금 삶아 내온 옥수수를 나누어 먹으면서 더위를 피하곤 했었다. 한 술 더 떠서 연세 드신 어르신들은 고막을 뚫을 듯 시끄럽게 울어대는 매미소리를 자장가 삼아 오수를 즐기시기도 했었다. 두어 시간쯤 지나고 열기가 어느 정도 식은 태양이 서편으로 기울게 되는 늦은 오후가 되면 누가 깨우지 않았어도 한 분 두 분 일어나 다시 논밭으로 나가시곤 했었다.

전기불이 들어오지 않았던 시절이라 저녁식사는 밥과 반찬을 구별하기 위해서(?), 아니면 호롱불에 넣을 기름을 절약하기 위해서라도 날이 어두워지기 전에 일찍 먹게 마련이었다. 땅거미가 지고 어둠이 내리면 낮에 미리 준비해 둔 쑥 등 마르지 않은 풀들을 모아 모깃불을 피우고, 마당 한가운데에 커다랗게 펼쳐놓은 멍석 위에서 온 가족이 함께 누워 어머님이 들려주시던 옛날 얘기를 들었던 기억이 난다. 그런가하면 팔 베게삼아 누운 채 부질없게도 밤하늘에 보이는 그 많은 별들을 다 세고야 말겠다고 열 손가락 꼽아가며 별을 헤아려 보기도 했었지만 끝내는 손가락 몇 개가 채 접히기도 전에 잠에 떨어지기 일쑤였다. 얼마만큼 잠을 잤는지 서늘한 찬 공기에 눈이 떠질 때면 새벽이슬이 흥건히 내려 있었고, 매미며 산 까치들이 울어대는 아침이곤 했었다. 요즘처럼 찜통더위가 계속되는 날이면 어릴 때 같이 뛰어놀던 친구들과 발가벗고 미역 감던 정겨운 고향마을이, 그리고 돌아가신 부모님 생각이 절로 난다. 모깃불 그을음 냄새를 맡아가며 멍석위에 들어 누워 풀벌레소리 벗 삼아 들려주시던 어머님의 옛날이야기를 꼭 한번만이라도 다시 듣고 싶어지는 그런 계절이다.

'산막이 옛길'을 아시나요?

예년에 비해 유난히도 무더웠던 여름이 입추(立秋)와 처서(處暑)가 지난 지금까지도 그 기세가 꺾이지 않고, 설상가상으로 태풍까지 겹치면서 농민들의 마음을 더 아프게 하고 있다. 여름이 마지막 발버둥을 치고 있는 것 같은 애처로운 모습이다. 그러나 계절의 변화를 그 누군들 막을 수 있겠는가? 머지않아 들녘은 누런 황금빛으로 풍요로워지고, 산과 들은 온통 색동옷으로 갈아입게 될 것이다. 그리고 통행이 비교적 한산한 시골길 양옆으로는 코스모스가 한들거리고, 높디높은 가을 하늘엔 손을 내밀어 엄지와 검지를 오므리기만 해도 쉽게 잡을 수 있을 만큼 무리지어 날아다니는 빨간 고추잠자리도 보게 될 것이다. 그런가 하면 고즈넉한 시골농가의 지붕과 돌담 위로는 산후 몸조리에 최고라는 둥 그렇고 누런 호박이 금방이라도 떨어질 것 같은 불안한 모양새로 치렁치렁 매달릴 것이다. 아마도 그때쯤이면 지루했던 여름도 더 이상은 어쩌지 못하고 가을에게 자리를 양보하고 물러설 수밖에 없을 것이다.

2주 전 일요일에 무더위도 식힐 겸 해서 모처럼 시간을 내 집사람과 함께, 금년 초 결혼한 딸아이 내외를 데리고 언론과 입소문만으로 전해 들었던 괴산군 칠성면에 있는 '산막이 옛길'을 가 보기로 하고 집을 나섰다. 승용차로 1시간여를 달려 칠성면 소재지에 도착해서 안내 표지판을 따라 괴산댐 방향으로 4㎞ 정도를 더 들어가자 조그마한 주차장과 좁은 도로는 이미 먼저 온 차량과 사람들로 북새통을 이루고 있었다. 하기는 제주도 올레길, 지리산 둘레길과 더불어 대한민국 3대 아름다운 길로 알려지면서 매일 1,000여 명의 관광객들이 찾는다고 하니 그럴 만도 했다.

막걸리를 포함한 간단한 음료와 지역에서 생산되는 농산물을 판매하는 소위, 주막집에서부터 산책을 시작하면 고인돌 쉼터와 참나무 연리지(連理枝)를 만나게 된다. 우거진 소나무 숲에는 출렁다리를 만들어 탐방객들이 직접 체험할 수 있도록 했는가 하면, 산책길 중간 중간 시야가 트인 곳에는 어김없이 전망대도 만들어 놓았다. 그런가 하면 커다란 참나무에 작은 구멍을 뚫어 물이 흘러나오도록 해 놓은 앉은뱅이 약수터는 그 누구도 차별하지 않고 목을 축일 수 있도록 해 놓았으며, 남아도는 허드레 물로는 물레방아가 돌아가도록 꾸며 놓아 산책하는 사람들의 발걸음을 더디

게 한다. 울창한 소나무와 참나무 숲을 가급적 훼손시키지 않으려고 군데군데 우드칩(파쇄된 나무 조각)을 사용하는 등 나름대로 자연훼손을 최소화하는 친환경적 공법을 이용한 흔적이 역력했다. 약수터에서 잠시 땀을 식히고 얼음 바람골과 참다래 동굴을 지나면 어느새 2.3㎞ 산막이 옛길의 종착지점인 선착장에 이르게 된다. 이처럼 '산막이 옛길'은 곳곳에 이야기 소재를 만들어 놓았기에 전혀 지루하다거나 힘이 든다는 생각을 할 겨를이 없다.

얼마 전, 언론에 종사하고 있는 지인이 보내준 '물은 99℃ 에서는 끓지 않고, 반드시 100℃가 되어야만 끓는다'는, 다시 말해 99℃와 100℃ 사이는 비록 1℃의 차이밖에 나지 않지만 그 1℃ 때문에 끓지 않던 물이 펄펄 끓게 된다는 메일내용이 문득 떠오른다. 요즘처럼 열대야가 계속되고 불쾌지수가 높아질 때면 자연히 일의 능률도 오르지 않으면서 괜스레 짜증이 날 때가 많아진다. 늦더위에 지쳐 무언가 부족해졌을지도 모를 일상에 1℃의 활력을 불어넣기 위해서라도, 가족과 함께 그리고 연인과 함께 충북 괴산군 칠성면에 소재하고 있는 '산막이 옛길'을 걸으면서 분위기를 전환 시켜보는 것도 좋을 것 같다.

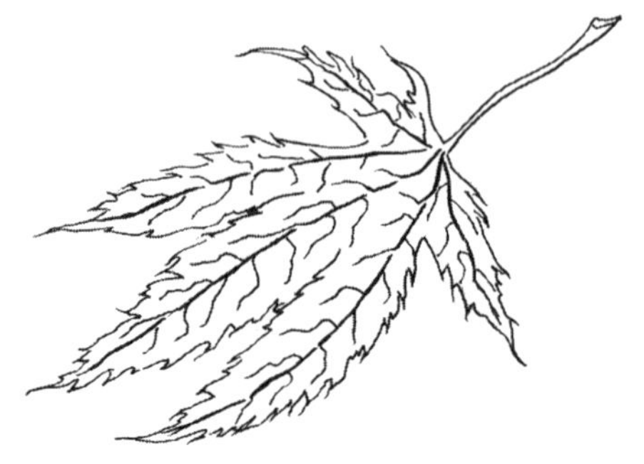

'10월의 마지막 밤'을 위하여

지난주에는 직장동료 몇 가족과 함께 부부동반으로 울릉도와 독도를 다녀왔다. 개인적으로는 이미 같은 곳을 두 번이나 다녀왔음에도 불구하고 울릉도와 독도를 한 번도 가보지 못한 집사람을 위해서 다시 한 번 그 코스에 동참하기로 했다. 그렇지 않아도 이번 가을에는 어떻게든 시간을 내서 울릉도가 아니더라도 어느 곳이든 여행을 다녀와야 할 일련의 일들이 있었다. 10월 초에는 집사람의 생일이 있고, 11월 초가 되면 결혼 30주년이 되는 일정이 겹쳐 있기 때문이다. 솔직히 말해 결혼 30년이 되도록 집사람과 둘이서 여행다운 여행을 제대로 해본 적이 없는 터라 금년만큼은 어떤 일이 있어도 함께 여행을 다녀오리라 진작부터 마음먹고 있었기 때문이다. 그러기에 이번 여행기회는 누가 뭐라고 해도 순전히 우리 부부를 위해 마련된 것이라고 아전인수 격으로 해석하면서 오랜만에, 정말 오랜만에 집사람에게 공무원 남편으로서의 체면을 세울 수 있는 절호의 찬스가 왔던 것이다. 고르지 못한 기상 때문에 조금은 고생도 했지만 울릉도의 곳곳을 둘러보고 한반도의 동쪽 끝 독도에 내려 일본인들이 헛소리를 하고 있는 그 역사의 현장도 두 발로 밟아볼 수 있었다. 2박 3일간의 짧은 여행이었지만 어린아이같이 마냥 즐거워하는 집사람을 보면서 이번 여행은 정말 잘한 것 같다는 생각을 해본다.

금년에도 어김없이 새해 첫날, 붉게 떠오르는 태양을 바라보면서 가족들의 건강과 계획했던 모든 일 다 이루어 달라고 소원을 빌었던 때가 엊그제 같은데, 벌써 봄 여름이 후딱 지나가고 가을의 절정이라고 할 수 있는 10월의 첫째 주도 지나고 있다. 10월 하면 너나 할 것 없이 왠지 무슨 아련한 추억이라도 있어서 굳이 떠 올리려 하지 않아도 저절로 생각이 되살아날 것만 같은 센티멘탈해지는 그런 달이기도 하다. 수년 전에 어느 대중가수가 불러서 히트를 치면서부터 줄곧 국민 애창곡이 되어 아직까지도 매년 10월이 되면 제일 먼저 전파를 타고 흘러나오는 노래 '10월의 마지막 밤'이 이 10월을 더 감상에 빠지게 하곤 한다. 사랑하던 사람과 뜻 모를 이야기만 남긴 채 헤어지면서도 한마디 변명도 하지 못했던 것을 못내 아쉬워하고 있다. 그리고 봄, 여름, 가을, 겨울은 계절별로 새로운 희망과 꿈을 주지만 돌아오는 이 가을만큼은 다시 이룰 수 없는 사랑이기에 슬프다는 이별을 가슴 아파하는 그런 노래 가사가 시리도록 피부에 와 닿는 것 같다. 어쩌면 젊은 시절 누구라도 한번쯤은 사랑이라는 이름 때문에 아파하고, 까만 밤을 하얗게 지새워가며 고민하지 않았다면 오히려 그게 더 어울릴 것 같지 않은 계절도 바로 가을이 아닌가 하는 생각을 해본다.

공직에 입문한 지가 벌써 32년이 되어 이제는 물러나야 할 때도 되었다는 생각이 든다. 금년 가을이 공직에서 보내는 마지막 가을이라고 생각하니 못내 아쉬움도 남는다. 그러나 공직의 길을 선택한 것에 대한 후회나 미련은 없다. 오히려 30년 전으로 돌아가 직업선택을 놓고 다시 고민을 한다 해도 또다시 공직을 택했을 것이라고 단언할 수 있다. 공직에 들어와서 모든 일에 나름대로 최선을 다할 수 있었고, 훌륭한 가정은 못될지라도 보통사람들이 바라는 평범한 가정생활도 꾸려왔으니 더 이상 바랄 것도 없다. 이제 며칠만 지나면 10월의 마지막 밤이 돌아온다. 이 10월이 다 가기 전에 서울에 있는 아들 녀석이 내려온다는 이번 주말쯤에는 금년초 결혼한 딸아이 내외도 불러내서 저녁을 함께하고 노래방에도 들러 '10월의 마지막 밤'을 불러보고 싶은 마음이 든다.

만추(晩秋)의 단상(斷想)

몇 년 전까지만 해도 우리부부는 꼬집어 몇 번이라고 말할 수는 없지만 적어도 한 달에 한두 번 정도는 등산을 하곤 했었다. 그러던 것이 필자의 취미활동이 바뀌면서부터 산행 횟수가 시나브로 줄어들더니 근래 들어서는 기껏해야 일 년에 서너 번 산을 오를까 말까할 지경에까지 이르게 된 것이다. 이렇게 되다보니 아내는 자신의 의지와는 상관없이 순전히 남편의 이기적인 개인사정 때문에 덩달아 등산할 기회가 줄어들게 된 것에 대해 늘 불만을 가지고 있었다. 이럴 때 불쑥 미동산(米東山 : 청원군 미원면 소재지의 동쪽에 있는 산)을 등산하지 않겠느냐고 말을 꺼내자 아내는 의아해하면서도 반기는 기색이 역력했다. 미동산은 해발이 557m로 그리 높지 않은 산이지만, 그 형상이 엄마가 칭얼

거리는 아이를 달래주기 위해 하던 일손을 멈추고 옷고름을 풀어 제치고는 본능적으로 아이에게 젖을 물리는 모습처럼 여유로움과 포근함이 넘쳐나 보이는 그런 산이다.

얼마 전까지만 해도 미동산은 다른 여느 산과 마찬가지로 빽빽하게 들어찬 소나무와 참나무 그리고 억새와 갈대 등 크고 작은 나무들과 무성한 식물들로 산으로 들어가 보기 전까지는 속내를 전혀 가늠해 볼 수 없었던 산이었다. 그러나 가을의 끝자락에 밟아본 미동산은 소나무류를 제외한 많은 나무들과 식물들이 다가올 엄동설한을 이겨내고 내년 봄 초록 새싹을 다시 피워내기 위한 준비를 하느라 여름내 잎으로 보내던 영양공급을 중단해서인지 나뭇잎들이 색이 바랜 채 바닥에 떨어져 나뒹굴고 있었고, 그나마 몇 장 남아있는 잎들도 금방이라도 불어오는 바람에 휩쓸려 어디론가 떠날 것 같은 차마 애처로운 모습으로 위태롭게 그네를 타고 있었다. 그리고 머지않아 흰 눈이 회색빛 세상을 온통 하얗게 뒤덮게 될 때쯤이면 미동산에도 벌거벗은 나무들만 덩그렇게 서 있게 될 것이다.

등산로는 널부러져 있는 낙엽들로 무척이나 미끄러웠다. 이때다 싶었는지 아내가 의도적(?)으로 눈길도 마주치지 않은 채 슬그머니 손을 내밀어 잡아주기를 기다린다. 늘 하던 행동이 아니라 조금은 어색하고 쑥스러웠지만 아무 말 하지 않은 채 아내의 손을 잡고 한참을 걸었다. 마냥 행복해 하는 표정을 힐끗 힐끗 훔쳐보면서 언제나 그랬듯이 우리부부가 나누는 이야기의 주제는 반복되는 경우가 부지기수이다. 30년 전 결혼을 해서 지금까지 살아오는 동안 아이들이 태어나고, 집을 장만하고, 아이들이 성장해가는 모습을 보면서 즐거워했던 이야기며, 경제적으로 넉넉지 못했던 결혼 초 지지고 볶으며 살아야 했던 이야기, 금년 초 결혼한 딸아이가 내년에 출산을 하게 되면 아기는 누가 어떻게 키워주어야 하는지와 서울에서 혼자 생활하고 있는 아들 녀석의 결혼문제 등에 대한 이야기가 그런 것들이다.

그리고 필자가 퇴직을 하게 되면 우리부부는 어디서, 무엇을, 어떻게 하며 살아갈 것인지에 대한 이야기도 빠질 수 없는 단골메뉴일 수밖에 없다. 물론 다른 사람들이 들어보면 전혀 관심이 가지 않는 시시콜콜한 얘기일 수 있다. 그렇지만 우리에게는 결코 시시콜콜한 이야기가 아니다. 적어도 우리부부가 허둥지둥 바쁘게 살아온 30년 동안의 결혼생활 기록부이며 또 앞으로 생명이 다하는 날까지 짊어지고 가야할 현실적인 이야기들이기 때문이다. 그뿐 아니다. 우리의 자식들이 또 후손들이 대대손손 살아가면서 끊임없이 고민해야 할 이야기가 아닐 수 없다. 서쪽 산등성 위 잎이 떨어진 나뭇가지 사이로 걸쳐있는 일출보다 더 큰 일몰을 바라보면서 아내의 손을 잡고 걸었던 산행은 그 어느 때보다 따뜻했지만 단풍이 진 만추의 가을산은 왠지 을씨년스럽기만 했다.

세상의 어머니들

요즘 들어 조금은 줄어들었다고는 하지만 몇 년 전까지만 해도 우리나라 어머니들은 자식들의 교육문제에 관한 한 아까울 것도 없고, 한 치의 양보도 허용(?)할 줄 몰랐던 것 같다. 오래전 이야기지만 '아이들 교육을 위해 필요한 것은 오로지 할아버지의 경제력과 어머니의 정보력, 그리고 아버지의 무관심'이라는 우스갯소리와 함께 치맛바람이라는 말이 유행어처럼 떠돌았었다. 한없이 너그럽고 부드럽던 어머니들도 자식들 문제에 대해서만은 누구의 잘잘못인가를 따져 볼 생각은 않고, 그 상대가 부모님이거나 선생님이거나를 가리지 않고 지나치다 할 정도로 민감하게 반응하곤 했었다. 엊그제 언론에는 우리나라 고등학교 1학년 학생들의 읽기와 수학, 과학 능력이 OECD 국가 중에서 최상위권임은 물론, 전 세계 65개국을 놓고 보더라도 읽기 능력 2위, 수학 4위, 과학은 6위로 조사되었다는 내용이 보도되었다. 이 얼마나 자랑스러운 일인가. 이런 결과는 누가 뭐라고 해도 우리나라 어머니들의 자식교육에 대한 열정의 결과라 해도 크게 틀리지 않을 것이다. 이렇듯 우리나라 어머니들의 자식 사랑은 끔찍할 정도로 유별나게 강했던 것 같다.

필자의 어린 시절은 너나 할 것 없이 살기가 어려웠던 때였다. 봄이 되면 부모님들은 보릿고개를 어떻게 넘길 수 있나 걱정해야 했고, 쌀밥이라고는 제삿날이나 명절 때가 아니면 언감생심(焉敢生心) 생각지도 못했었다. 흰 쌀밥이 얼마나 먹고 싶었으면 속된 표현으로 귀신이 업어 가도 모를 정도로 곤한 잠에 떨어졌다가도 제삿날이 되어 아버지께서 '제사지내러 가자' 하시면 어떻게 알아들었는지 벌떡 일어나 큰댁으로 가는 캄캄한 밤길을 앞장서곤 했었다. 물론 제사를 준비해야 하는 어머니들의 속은 숯검정처럼 까맣게 타들어 갔겠지만, 철없는 아이들은 쌀밥을 먹을 수 있다는 것만으로 매일 매일이 제삿날이기를 바랐던 그런 시절이었다. 필자의 어머니도 보리쌀에 쌀 한줌 섞어 밥을 지어서는 아버지 밥그릇에만 쌀밥을 떠드리곤 하셨다. 그런 어머니가 미우면서도 속으로는 아버지가 밥을 조금이라도 남겨 주시기만을 애타게 기다렸던 기억이 난다. 그렇다고 우리 어머니께서 자식들을 사랑하지 않으셨다는 것은 결단코 아니다. 경제적으로 어려운 시기임에도 우리 6남매를 대하시는 어머니는 언제나 더 많은 것을 못해줘서, 더 잘 먹이고 잘 입혀주지 못해서 가슴 아파하셨던 그런 분이셨다. 단지 시대상황이 지금과는 영 딴판이라 자식 사랑을 밖으로 표현하시지 않았을 뿐이지 오히려 속마음만큼은 세상의 여느 어머니들보다 더 지극정성이셨던 것 같다.

언제나 그렇듯이 겨울이면 내리는 눈인데도 그해 처음 내리는 흰 눈을 바라보면 왠지 마음이 싱숭생숭 해지게 마련이다. 지난주 수요일 오후 창밖으로는 함박눈이 펑펑 쏟아져 내리고 있었다. 금년 들어 눈다운 눈이 내리는 것이 처음이라 한참이나 밖을 내다보다가 잠시 동심으로 돌아갔던 적이 있다. 손발이 동상에 걸려 퉁퉁 부어 오른 것도 모르고 친구들과 어울려 눈싸움을 하고 썰매를 타는가 하면, 새 덫을 놓고는 새들이 덫 안으로 들어와 주기만을 기다리기도 했었다. 그런가 하면 중학생이 되고부터는 동네 형들과 함께 토끼 발자국을 따라 이 산 저 산을 누비던 그 시절이 아련하게 떠오른다. 세상의 모든 어머니들은 늘 자식들 걱정을 하는가보다. 그렇게 볼 때 필자의 아내도 예외는 아닌 것 같다. 눈이 내린 관계로 빙판길이 예상된다는 방송예보를 듣고는 아내에게 한 가지 걱정이 더 생겨난 것 같다. 결혼한 딸아이와 서울에 있는 아들 녀석 말고도 사위의 출근길까지도 걱정을 한다. 그러고 보면 아내 역시도 영락없는 우리나라 어머니의 한 사람일 수밖에 없는가 보다.

작은 나눔과 사랑

어제 오늘의 일이 아니고 매년 반복되는 일이다. 딱 꼬집어 무엇 때문이라고 말할 순 없지만 크리스마스가 끼어 있는 12월의 끝자락이 되면 달랑 한 장 남은 달력만큼이나 왠지 모를 씁쓸한 아쉬움을 안고 어김없이 또 한해를 보내게 된다. 그리고 이때쯤이 되면 중고등학교 다닐 때의 크리스마스와 연말도심의 풍경이 아련하게 떠오른다. 크리스마스가 가까워지면서부터는 소음공해라는 말이 나올 정도로 거리는 온통 골목골목 전파사에서 흘러나오는 징글벨 소리로 넘쳐나고, 산타할아버지 복장을 한 사람들도 어렵지 않게 볼 수 있었다. 그뿐 아니다. 도심 한 복판에는 해를 거르지 않고 구세군 자선냄비의 종소리가 울려 퍼지곤 했었다. 다리가 3개인 냄비걸이, 빨간색 냄비 모양의 모금 통, 제복을 입은 사람, 그리고 딸랑딸랑 종소리하면 생각나는 게 바로 구세군 자선냄비다. 구세군 자선냄비는 1891년 미국의 샌프란시스코의 구세군 사관이 도시의 빈민들과 갑작스런 재난을 당한 사람들에게 어떻게 하면 도움을 줄 수 있을까를 연구하다가 주방에서 사용하던 큰 쇠솥을 거리에 내 걸고 그 위에 '이 국솥을 끓게 합시다.'라고 써 붙이면서 첫 종을 울리게 된 것이 시초라고 한다. 그 이후로 오늘날 전 세계 100여 국가에서 자선냄비의 종이 울리게 되었고, 우리나라에도 1928년 서울도심에 자선냄비가 처음 등장했다고 한다. 그런데 요즘엔 거리를 나가봐도 징글벨 소리를 들을 수가 없다. 그래서인지 옛날 같은 연말 크리스마스 분위기를 느껴 보기는커녕 오히려 삭막한 느낌마저 드는 것 같다. 그런가 하면 언론에서는 연말연시 불우이웃을 돕기 위한 성금 모금에도 한파가 불어 닥치고 있다는 내용을 보도하고 있다. 사랑의 지수를 나타내는 온도계의 눈금이 예년에 비해 올라가는 속도가 더딘가 하면, 길거리 서민들의 온정을 받아 담는 빨간색의 구세군 자선냄비도 우리나라에 들어온 지 82년 만에 세 번째 마이너스 모금이 될 것이라고 걱정을 하고 있다. 안타까운 생각이 든다.

며칠 전 우리고장의 청정축산물을 서울지역 소비자들에게 홍보하고 판매를 촉진시키기 위해, '서울시 농수산물공사 강서지사' 매장 내에 '청풍명월한우 판매장'을 개설하게 되었다. 개장식 전날 밤부터 내리던 눈발이 아침까지 이어지면서 기상청에서는 도로 사정이 좋지 않을 것이라는 예보를 한다. 개장 시간에 늦지 않으려고 평소 걸리는 시간보다 조금 더 시간을 잡아서 출발하기로 했다. 고속도로 휴게소에서 간단한 점심 식사를 마치고 화장실을 들러 차에 오르려고 하는데 뒤쪽에서 어디서 많이 들어본 듯한 딸랑딸랑 종소리가 들리는 것이었다. 반사적으로 뒤를 돌아보았다. 구세군 자선냄비의 종소리였다. 자선냄비에 기부금을 넣고 갈까 하다가 지나온 길을 되돌아 서기가 썩 내키지 않아 그대로 차에 올랐다. 문제는 그 다음부터 일어났다. 차가 출발하고 나서부터 조금씩 찜찜한 생각이 들기 시작하더니 행사가 진행되는 동안은 물론이고, 일을 마치고 청주로 내려오는 내내 마음 한 구석이 영 편치 않았다. 몇 발작 되지 않았던 구세군 자선냄비를 그냥 지나쳐 온 것에 대한 스스로의 자책감 같은 것 때문이었다. 다행히도 일을 마치고 청주로 내려오는 길에 커피한잔 하려고 휴게소에 들러 자판기를 찾는데 멀리 빨간색 구세군 자선냄비가 보였다. 반갑고 고마운 생각이 들었다. 어려운 이웃을 돕는 자선냄비에 기부금을 낼 수 있어서라기보다는, 오히려 오전 휴게소에서 자선냄비를 그냥 지나치는 바람에 하루 종일 찜찜해했던 마음을 떨쳐버릴 기회가 찾아왔기 때문이었다. 아주 작은 정성이지만 자선냄비에 기부금을 집어넣고 나서야 앓던 이가 쏙 빠져버린 듯 마음이 한결 상쾌해지는 느낌이 들었다. 역시 사랑은 받는 것이 아니라 주는 것이라는 의미를 실감하는 하루였다.

나이테의 두려움

구랍(舊臘) 마지막 날 종무식을 마치고 도청 간부들이 구내식당에서 떡국으로 오찬을 하도록 준비되어 있었다. 그런데 조금 이상한 기분이 든다. 그렇지 않아도 내일 아침 신묘년 새해가 밝아오면 원하든 원치 않든 인생의 궤적인 나이테 한 줄이 더 그어지면서 한 살을 더 먹게 되어 있었다. 그런데 굳이 하루 전날 또 한 그릇의 떡국을 더 먹어야 하나? 하는 생각이 들어서다. 떡국을 먹게 되면 그것 자체로 나이 한 살을 더 먹는 꼴이 되고, 새해가 되면 다시 한 살을 더하게 되다보니 한꺼번에 두 살을 더하게 되는 기분이 들기 때문에 그렇다. 나이가 드는 것에 대해 민감한 반응이 나타나기 시작한 것은 필자가 소위, 지천명이라는 50대가 되면서부터라는 생각이 든다. 나이테가 한 줄 한 줄 늘어나면서 더해지는 나이테 숫자만큼이나 마음도 덩달아 불안해지고 어수선해지는 그런 느낌이 든다. 아마 이런 감정은 연령대가 비슷한 사람이라면 누구라도 그럴 것이라고 위안을 해 보기도 한다.

필자는 고등학교를 60년대 말에서 70년대 초까지 다녔다. 그때만 해도 우리나라는 국내외적으로 아주 어려운 시기였다는 생각이 든다. 그러기에 나온 캐치플레이즈가 '조국 근대화'였고, '새마을 운동'이라는 것이었다. 이 운동이야말로 남녀노소를 가리지 않고 전 국민이 적극적으로 호응하고 동참하는 그런 분위기였다. 이렇게 어려운 때에 대학에 진학한다는 것은 경제적으로 계산을 해봐도 답이 나오지 않는 그리 녹녹치 않았던 것이 현실이었다. 그러다 보니 여유가 있는 집 아이들 말고는 대부분의 아이들이 대학 진학을 포기하고 조국근대화의 첨병인 기술 인력을 양성하는 실업계를 택하게 되었다. 그렇게 되면 졸업을 하고나서 바로 공장에 취직을 해 돈을 벌 수 있어 좋고, 그것이 부모님을 도와드리는 길이라는 것을 잘 알고 있었기 때문이다. 필자도 이런 이유에서 공업고등학교로 진로를 정하게 되었다.

필자는 1952년에 태어났지만 호적신고를 늦게 하는 바람에 고등학교 2학년 때까지만 해도 1953년으로 잘못 기록되어 있었다. 당시에는 취직을 하려면 일정한 연령이 넘어서야 하는 규정이 있었는데 아마도 필자의 연령이 미달했던 모양이었다. 아버님과 마을 이장 일을 보고 계셨던 작은아버님께서 이 사실을 아시고는 호적 정정이 만만치 않은 일이었을 텐데도 출생년도를 원래의 1952년생으로 과감(?)하게 정정하셨다고 한다. 잘못 신고된 출생년도를 정확하게 바로잡겠다는 법치국가의 이장님답게 정의로운 일을 하신 것이다. 그런데 지금와서 생각을 해 보면 그때 호적을 고치지 말고 그냥 두었던지, 아니면 반대로 한 살을 더 줄여 놓으셨더라면 공직생활을 지금보다 더 할 수 있지 않았나 하는 부질없는 생각을 한 적이 있었다. 설령 그렇게 했다 하더라도 결국 늘어난 1~2년 후에는 어차피 공직을 그만두는 것은 똑같은 것이라는 것을 미처 생각지 못하고 말이다.

요즘 노래방에서 한참 유행하고 있는 노래 가사가 생각이 난다. '만약에 하늘이 내게 천년을 빌려준다면 그 천년을 당신을 위해 사랑을 위해 모두 쓰겠다'고 하는 노래다. 작사자의 의지와는 상관없이 나름대로 해석을 해보고 싶다. 사랑하던 사람에게 그동안 잘 대해주지 못한 것을 후회하는 가운데 무심한 세월이 흘러 나이를 먹어가는 것을 안타까워하면서, 만약 하늘이 천년을 빌려준다면 젊음을 앞세워 그 천년을 당신을 위해 모두 쓰겠다는 애절한 마음을 담고 있는 듯하다. 어떻게 해석한다 하더라도 이 노래 역시도 내심은 속절없이 나이만 먹어가는 현실의 안타까움을 비유적으로 나타내려고 했을 것이다. 어찌 됐던 나이테의 숫자가 늘어간다는 것은 꽤 즐거운 일이 아닌 것만은 분명한 것 같다.

세무군화(軍靴)가 생각나는 계절

1월초 2~3일간의 연휴가 시작되면 가끔씩 세무군화(軍靴) 생각이 나곤 한다. 지금으로부터 38년 전쯤으로 기억이 된다. 군대생활을 시작한 지 얼마 되지 않는, 그야말로 햇병아리 졸병시절이었다. 신참인 필자의 모습이 얼마나 안쓰러웠던지 첫 번째 정기휴가도 되기 전에 연휴를 포함해 몇 일간의 외박을 다녀오라는 명령이 떨어졌던 것이다. 입대 후 처음으로 부대 밖으로 나올 수 있게 된 것이다. 휴가를 간다고 하니까 하늘같은 고참들이 이것저것 챙겨주면서 신발도 세무구두 새것으로 준비해 주었다. 아무리 군인이지만 부모님께 너무 초라해 보이지 않게 하려는 배려 차원에서 그랬던 것 같다. 뜻밖에 얻은 외박이라 설레는 마음은 이루 말로 표현할 수 없었다. 외박을 나오자마자 잠시 집에 들러 인사를 하고는 그동안 만나지 못했던 친구들을 만나 술을 한잔 나누기도 하고, 친척 집도 다녀오는 등 바쁘면서도 꿀맛 같은 시간을 보내고 있었다. 그러는 동안 외박기간이 끝나고 부대에 복귀해야하는 시간이 다가왔다. 주로 시골집에서 지내다가 복귀 전날 청주로 나와 자취를 하고 있는 여동생 집에서 하루저녁을 지내고 그 다음날 서울 외곽에 있는 부대로 들어갈 작정이었다. 그런데 아침잠에서 깨어 밖을 내다보고는 놀라지 않을 수 없었다. 어제저녁에 벗어놓은 그 세무군화가 보이지 않았던 것이다. 혹시라도 여동생이 별도로 챙겨두었는가 싶어 물어보았더니 아니라는 것이다. 눈앞이 캄캄했다.

저녁 시간까지는 부대에 복귀를 해야 하는데 신고 갈 군화가 없어진 것이다. 그런데 더 황당한 것은 구두를 사보려고 시내 몇 군데 구둣방을 다녀보았지만 연휴기간이라 구두 집을 포함한 모든 상가가 문을 닫고 휴무 중이었다. 그렇다고 운동화를 신고 갈 수도, 민간인들이 신는 신사화를 신고 갈 수도 없는 노릇이었다. 고민을 하고 있는데 근처에 살고 있던 4촌 형님께서 이 소식을 듣고는 예비군 훈련 때 신었던 신발이라고 하면서 낡은 군화 한 켤레를 들고 오셨다. 어찌나 반가웠던지 눈물이 날 정도였다. 구두의 상태는 이루 말로 표현할 수 없을 정도로 낡은 것이면서도 완전 배만큼이나 큰 것이었다. 한 걸음 한 걸음 걸을 때마다 구두 앞부분의 반 정도가 접혀지는 것이 차라리 발을 내딛는 것이 아니라 두 발을 질질 끌면서 걷는 꼴이 되었다. 지나가는 뭇 시선들이 구두만 쳐다보는 것 같았다. 되도록 사람들과 눈을 마주치지 않으려고 아예 고개를 수그리고 걸었다. 몇 차례 버스를 갈아타고 또 얼마나 걸었던지 부대가 저만치 시야로 들어왔다.

머릿속은 온통 내무반에 들어가 복귀 신고를 할 때 군화에 대한 이야기를 어떻게 설명할까하는 것 말고는 다른 생각이 들지 않았다. 아무리 사실대로 설명을 한들 귀신같은 고참 선배들이 그대로 믿어줄 것 같지가 않았다. 반대로 필자의 입장에서 생각해 보더라도 신출내기의 어처구니없는 얘기를 곧이곧대로 믿어주기는 그리 쉽지 않았을 것이라는 생각을 해본다. 그런데 세무구두 문제는 걱정했던 더 이상으로 비화되지는 않았지만 십중팔구는 의도적으로 새 군화를 집에 벗어놓고 다 떨어진 헌 군화로 바꿔치기 했을 것이라는 추측은 얼마든지 가능하다는 생각은 든다. 더군다나 그 당시만 해도 입는 것, 먹는 것 할 것 없이 어느 것 하나 풍족하지 못했던 어려웠던 시절이었고, 군에서 나오는 물건이라면 꽤 쓸 만한 것으로 여길 때였다. 그 가운데서도 세무구두의 인기는 대단했었기 때문에 누군가 탐을 냈을 것이라는 생각을 해본다. 창밖으로 함박눈이 내리고 있다. 요즘처럼 눈이 많이 내리고 길이 미끄러워질 때가 되면 보온도 꽤 되고 미끄러짐도 덜한 세무군화 생각이 아련하게 떠오른다.

가나다순의 역순(逆順)

핸드폰 벨이 요란하게 울려 받아보지만 정작 전화 건 사람의 음성은 들리지 않고 시끌시끌한 합성음 소리만 들린다. 들어오는 얘기들을 정리해 볼 때 몇몇이서 소주 한잔 기울이며 전화를 한 것 같은 생각이 들었다. 아는 사람의 전화다. '여보세요, 여보세요'를 몇 번이나 해봐도 응답이 없어 전화를 끊어버렸다. 처음에는 혹시 무슨 일이 있나 싶어 급하게 전화를 되걸어 왜? 무슨 일이 있느냐? 고 물어보지 않을 수 없었다. 그런데 상대방은 쌩뚱맞게도 전화를 건 적이 없다는 것이다. 그래서 전화가 걸려 와서 받게 됐고, 아무 말이 없어 끊어버렸다는 말과 궁금해서 전화를 되걸게 되었노라고 자초지종을 설명하자 그때서야 미안하다고 하면서 본인 의지와는 상관없이 눌러진 것 같다는 말을 하는 것이다. 이렇게 잘못 걸려오는 전화 중에는 물론 친구도 있고 직장 상사도 있으며 하물며 수년 전 장기교육을 받을 때 중국어 회화를 가르친 여자 선생님도 있다. 이런 전화가 여러 번 반복되는 사이 만성이 되어버렸는지 아무런 응답이 없는 전화가 걸려올 때는 더 이상 궁금해 하지도 않고 전화를 끊어버리는 것으로 종결 처리하는 버릇이 생겼다. 아마도 이런 현상은 스마트폰이라는 새로운 기기가 출시되면서 일어나는 현상인 것 같다. 원인을 알아보았더니 새로 나온 스마트 폰이라는 것이 터치 식으로 되어 있다는 것과, 상대방의 전화기에 웬만하면 필자의 이름이 가나다순으로 입력될 때 제일 먼저 등록이 된다는 것이 화근이 되었던 것 같다. 스마트폰은 기존의 여느 핸드폰과는 달리 덮개가 없어 잘못하면 맨 위에 등록이 되어있는 필자의 이름을 무의식중에 터치하게 될 수 있다는 것이다. 누구를 원망할 일도 아니다.

여러 사람이 함께 모여 집합교육을 할 때는 으레 학창시절의 학번처럼 고유번호가 주어지게 마련이다. 그런데 그 번호를 정하는 방법은 여러 가지가 있을 수 있겠지만 대개는 쉽고 편하게 생년월일 순으로 하든지 아니면 이름의 가나다순을 가지고 정하는 경우가 태반이다. 그런 연유로 몇 년 전 1년간의 장기교육을 받을 때도 200여 명 교육생 가운데 교번이 1번이 될 수밖에 없었다. 또한, 장기교육은 대개 겨울의 끝자락인 2월 초부터 시작되는 관계로 집합교육을 받는 대강당도 바깥기온 못지않게 썰렁하기는 매한가지이다. 강당 안의 좌석배치 역시도 교번 순서대로 지정이 되기 때문에 필자의 자리는 맨 앞자리 제일 좌측의 출입구 앞 일수밖에 없고 싸늘한 바람이 제법 들어오는 그런 자리였다. 또한, 교육기간 내내 계속되는 각종 발표는 가나다순으로 하는 것이 상례화되어 있었다. 꼭 그렇다고 장담할 순 없지만 순서가 늦었다면 좀 더 잘할 수 있었을 텐데도 교번이 빠르다는 이유로 준비가 덜된 상태에서 항상 미완의 발표를 하게 될 때는 많은 아쉬움이 들곤 했었다.

가나다순 때문에 일어나는 일은 여기서 그치지 않는다. 각종 동창회나 동호회 모임에서 회장을 선임하는 차례가 되면 누구라고 할 것도 없이 서로 회장을 먼저 맡지 않으려고 일이 바쁘다고, 건강이 좋지 않다고, 거기다 말도 되지 않는 별별 이유를 다 들이댄다. 그러다가도 상황이 자기 쪽으로 불리해지는 것 같으면 불쑥 한마디 날린다. '회장은 가나다순으로 합시다.' 그러면 웅성웅성대던 사람들이 조용해지면서 모두들 그게 좋겠다는 뜻으로 머리를 끄덕이면서 박수를 친다. 그렇게 되면 회장은 자연스럽게 필자에게 돌아올 수밖에 없게 되는 것이다. 이럴 땐 혼자의 힘으로는 어떻게 해볼 방법이 없다. 그래서 그 다음부터는 아예 회장 선임 문제가 나올라 치면 먼저 선수를 친다. '회장은 가나다의 역순으로 합시다.' 하고 외쳐보지만 헛된 메아리로 되돌아오기 일쑤다. 전혀 먹혀들지가 않는다. 혹시라도 살아가면서 주어지는 순번이 매번 이런 식이라면 염라대왕이 부르는 순서도 가나다순이 되지 않을까(?) 하는 쓸데없는 걱정도 해본다.

10번째 이사

뾰족한 송곳 하나 꽂을 수 없을 만큼 어려웠던 집안형편 때문에 아무런 가진 것 없이 전세방에서 신혼살림을 꾸리며 시작한 결혼생활이었다. 처음부터 꼭 당첨되리라는 기대를 하지 않으면서 무작정 택지분양 신청서를 접수시켰던 것이 덜컹 당첨이 된 것이다. 어찌 보면 그때부터 고생은 시작되었던 것 같다. 첫 번째 관건은 분양받은 땅값을 납부기한까지 어떻게 조달하느냐가 제일 큰 문제였다. 그때까지 모아놓았던 쥐꼬리만 한 돈에다가 은행 융자를 받아 땅값은 그럭저럭 치를 수 있었다. 그런데 어렵게 땅값을 해결하고 나니 더 큰 문제가 기다리고 있었다. 분양받은 택지는 3년 내에 집을 짓지 않으면 다시 환매(還買)를 한다는 규정이 있다는 것이다. 답답하기만 했다. 근근덕신 땅값은 해결 했지만 그보다 더 큰 목돈이 들어가는 건축비를 어떻게 마련해야할지 묘안이 떠오르지 않았다. 그러나 하늘이 무너져도 솟아날 구멍이 있다는 속담이 이루어지게 되었다. 다행히도 형수님 오빠 되시는 분이 건축업을 하시는데 직접 만나 사정을 얘기해보라는 것이다. 당장 찾아가 사정 말씀을 드렸더니, 그렇다면 우선 집을 지어 줄 테니 집이 준공된 다음 그 집을 전세를 놓아 건축비를 달라는 것이다.

그때가 택지를 분양 받은 지 3년이 다 되어가는 때라 더 이상 다른 방법을 따져볼 겨를이 없었다. 부랴부랴 계약을 하고 집을 짓기 시작했다. 결혼하면서부터 입버릇처럼 내 집을 갖겠다는 것이 우리 부부의 꿈이었다. 집 식구의 고생은 이만저만이 아니었을 것이다. 7급 공무원이라는 것 이외에는 아무것도 가진 것 없는 집으로 시집을 와서 먹을 것 덜 먹고, 쓸 것 덜 쓰면서 푼푼이 돈을 모아갔다. 그렇게 모은 돈으로 내 집을 마련했으니 필자도 역시 그랬지만 집사람의 기쁨이야 이루 말할 수 없었을 것이 분명하다. 그동안 여러 차례 이사를 하는 고생 끝에 결혼한 지 11년 만에, 그리고 이사를 다니기 시작한 지 9번째 만에 꿈에도 그리던 2층 단독주택을 갖게 된 것이다. 집은 그렇게 준공이 되었다. 그렇지만 정작 새집으로 들어가 살 수도 없는 형편이었다. 건축비를 해결해야 하기 때문에 어쩔 수 없이 집을 전세를 놓고 그 돈으로 공사비를 정산해야만 했다. 내 집을 갖게 되었다는 기쁨도 잠시, 또 다시 17평 임대 아파트 생활을 할 수밖에 없었다.

처음부터 우리 4가족이 살려고 만들어 놓은 2층 방으로 들어오기까지는 6년이라는 시간이 더 지난 다음에야 가능했다. 9번째 이사를 한 첫날밤 그때의 기쁨이란 이루 말할 수가 없었다. 어찌 보면 6년 전 집이 완공되고 등기부 등본을 손에 쥐었을 때보다도 훨씬 더 컸던 것으로 생각이 된다.

17평 임대 아파트 생활을 하다가 20평대를 건너 뛰어 막 바로 30평이 넘는 주택으로 이사를 했으니 마치 초가집에서 대궐로 이사를 온 것 같은 기분이 들었다. 우리 집이 세상에서 가장 크고, 가장 아름다운 집처럼 느껴졌다. 얼마나 좋았던지 아이들은 작은 방에서 두 손으로 나팔모양을 만들어 엄마를 부르고, 집 식구는 또 다른 방에서 아이들 이름을 부른다. 그러고는 서로가 너무 멀어 잘 안 들린다고 하면서 더 큰 소리로 얘기 하라고 너스레를 떤다. 그렇게 새 둥지를 튼 지도 15년이 넘었다. 그러는 사이 집도 나이를 먹어 지어진 지 어느새 20년을 훌쩍 넘어버렸다. 주위에 같은 시기에 지어진 집들이 경쟁이라도 하듯 4~5층짜리 원룸으로 재건축을 하고 있다. 주위도 너무 어수선하고, 6월 말이 되면 필자도 공직에서 물러나야 한다. 이런저런 생각 끝에 집을 팔기로 하고 지난 연말에 국민주택 규모의 적당한 아파트 한 채를 마련해 놓았다. 다음 달이면 정들었던 주택을 비워주고 10번째 이사를 해야 한다.

할아버지가 된다는 것

지난해 2월 결혼을 한 딸이 얼마 전 아들을 낳았다. 필자가 31년 전 결혼을 하고 그 이듬해 세상에 태어난 딸아이가 자라서 결혼을 하더니 첫 아이를 낳은 것이다. 아이가 아기를 낳은 것 같은 기분이 든다. 분만 과정에서 약간의 어려움이 있어 며칠 간 신생아실에서 더 관찰하기로 했다는 것이다. 신생아실에서는 아기를 유리벽 너머로만 볼 수 있도록 되어 있었고, 그나마도 면회시간이 하루에 두 번으로 한정되어 있었다. 오후 면회 시간에 늦지 않으려고 부랴부랴 사무실 책상을 정리하고 병원으로 달려갔다. 시계바늘이 정확하게 7시를 가르치자 출입문이 열리면서 면회가 시작되었다. 신생아실에는 4명의 아기들이 함께 있었다. 이름이 정해지기 전이라 그런지 이름표에는 아기의 이름 대신 산모의 이름이 적혀 있어서 아기(정확하게는 외손자)를 찾는 데는 그리 어렵지 않았다. 아기를 처음보자 무언지 모를 이상야릇한 느낌이 들었다. 이제는 정말 할아버지가 되었구나 하는 생각과 함께 어떻게 이런 신비스런 생명이 태어날 수 있는 것인가 하는 현실 앞에서 한참 동안이나 넋을 잃고 아기를 쳐다보았다. 그 조그만 녀석이 때로는 울기도 하고, 또 어떤 때는 두 팔을 들어 기지개를 펴는 행동도 한다. 볼수록 신기하기만 하다.

신생아실에서의 집중 관찰 결과 아무런 문제가 없다는 주치의 선생님의 판단에 따라 태어난 지 1주일 만에 집으로 퇴원하게 되었다는 연락이 왔다. 전화를 받고 한편으로는 안심이 되면서도 유리벽 너머로만 보아오던 아기를 직접 볼 수 있다는 마음에서인지 일이 손에 잘 잡히지 않는다. 요즘 구제역 관계로 비상근무를 하고 있는 직원들과 간단하게 저녁을 먹고는 딸이 살고 있는 집으로 자동차의 가속페달을 밟았다. 차에서 내리자마자 아파트 3층 계단을 단숨에 뛰어올라 초인종을 누르고, 문이 열림과 동시에 뒷발질로 신발을 차 버리고는 아기가 있는 방으로 들어갔다. 유리벽이 제거된 상태에서의 할아버지와 외손자 간의 첫 번째 만남은 그렇게 이루어졌다. 초롱초롱한 눈동자를 굴리는 모습이 엊그제 신생아실에서 보았을 때보다 훌쩍 더 자란 것 같아 보였다. 손을 비누로 깨끗하게 씻고 소독도 했지만 그래도 조심스러워 살며시 아기의 볼을 만져 보았다. 세상 걱정이라곤 하나 없는 그런 천사 같은 모습 그대로였다.

그런데 요즘은 이 외손자 녀석 때문에 집사람의 고생이 말이 아니다. 낮에는 도우미 아줌마가 있어 그럭저럭 지낼 수 있지만 아줌마가 집으로 돌아가는 오후 5시 이후에는 집사람이 도우미가 되는 것이다. 처음에는 저녁에만 딸네 집으로 가서 딸애의 뒷바라지를 하다가는 자정이 가까운 시간이 되면 파김치가 된 몸을 이끌고 집으로 돌아오곤 했었다. 그러고 나서 잠시 눈을 붙일라 치면 요란한 전화 벨소리와 함께 '엄마 애기가 자지도 않고 울기만 한다.'는 딸애의 울먹이는 목소리가 들려온다. 잠결에 전화를 받은 집 사람은 급하게 차를 몰고 딸네 집으로 달려가곤 한다. 외손자 녀석 때문에 외할머니가 힘든 두 집 살림을 하게 된 것이다. 게다가 설 연휴기간은 도우미 아줌마도 오지 않는다는 것이다. 그래서 아예 딸애와 아기를 집으로 데려오기로 했다. 차라리 두 집을 왔다 갔다 하는 것보다 한 집으로 합치는 편이 훨씬 낳겠다는 생각이 들어서다. 설 연휴 첫날 북부지역 구제역 현장을 돌아보고 저녁 늦은 시간이 되어서야 집으로 들어갔다. 딸애가 결혼하고 난 후로 휑하니 비어 있었던 그 방에 딸애와 아기가 다시 들어와 있었다. 아기는 새근새근 잠들어 있었다. 모쪼록 건강하게 잘 자라 주기를 기도한다. 딸애의 뒷바라지가 한결 편해진 집 사람은 아기를 끌어안고는 알아듣지도 못하는 대화를 웅얼거리고 있다.

인분냄새도 역겹지 않는 고향의 봄

겨우내 맹위를 떨쳤던 동장군이 물러갈 때가 됐는데도 그 정도로는 부족했다는 듯 오기(傲氣)를 부리고 있는 것 같다. 그렇지 않다면 대자연의 섭리 앞에 힘없이 꼬리를 내리는 자신의 처지가 못내 처량하다는 생각이 들었나 보다. 봄의 전령들이 꽃망울을 터트릴 시기만을 저울질하고 있다는 것을 눈치 채고는 그 꼴이 보기 싫었던지 아직은 아니라고 강하게 몽니를 부리고 있다. 영하 20도를 넘나드는 강추위 때문에 하루도 거르지 않고 입고 다녔던 속내의를 며칠 전 쏟아지는 봄 햇살을 받고 이때다 싶어 가까스로 벗어 버렸었다. 그런데 단 며칠도 버티지 못하고는 장롱 속 깊이 넣어 두었던 내의를 다시 꺼내 입고 말았다. 지난겨울은 누가 뭐라고 해도 여느 해 겨울과는 비교할 수 없을 정도로 추웠었다. 사람들은 물론이고 소 돼지를 포함한 생명이 붙어있는 세상 만물 모든 것들을 웅크리게 만들었다. 매서운 한파에다 설상가상(雪上加霜)으로 지난해 연말부터 불어 닥친 구제역 쓰나미가 더해지면서 최악의 겨울이 되었던 것이다. 설령 추위는 두꺼운 털옷으로 몸을 감싸 어느 정도는 견뎌낼 수는 있다손 치더라도, 구제역(口蹄疫)으로 인해 찢겨진 마음의 상처까지도 감싸 안을 수는 없었던 것 같다.

엄동설한의 추위가 물러가는 이맘때쯤이면 필자가 태어나고 자랐던 첩첩산골 고향마을에도 생명체들이 깊은 동면에서 깨어나 기지개를 펴고 있을 것이다. 시골에서는 꽃이 피는 것으로 봄이 오는 것을 알 수 있었다기보다는, 오히려 한 해 풍년농사를 위해 농부들이 거름으로 밭에 뿌려놓은 향긋한(?) 인분(人糞) 냄새를 맡으며 봄이 오는 것을 알 수 있었다. 그런가 하면 논밭두렁에서 수건을 머리에 동여매고 쑥이며 냉이 등 봄나물을 뜯는 여인들의 모습에서 봄이 시작되고 있음을 알아차리곤 했었다. 그러나 요즘은 어떤가? 남쪽에서부터 피기 시작한 산수유와 벚꽃이 점차 북상하면서 우리지역에서는 언제쯤 만개할 것이라는 방송 예보를 듣는 것으로 봄이 어디 만큼 오고 있음을 알 수 있다. 고향마을에 봄이 되면 냉이며 달래며 온갖 생명들이 싹을 틔우고, 지천으로 피어나는 꽃들로 울긋불긋 꽃단장을 하곤 했었다. 화무십일홍(花無十日紅)이라고 했던가? 탐스럽게 피어 앞산과 뒷산을 선홍색으로 물들이던 진달래꽃 잎이 꽃비가 되어 땅바닥에 나뒹굴 무렵

이면, 몰래 숨어 꽃망울을 터트릴 준비를 하고 있던 벚나무와 아카시아, 살구꽃과 복숭아꽃이 앞서거니 뒤서거니 진달래꽃이 진 그 허전한 빈자리를 채워주곤 했었다.

화창한 어느 봄날 따가운 햇볕이 박박 깎은 머리 위에 쏟아지는 날이면 친구들과 어울려 들로 산으로 내달리다가 달콤하고 향긋한 냄새가 입안에 흥건히 배어나는 탐스럽게 핀 진달래꽃을 한 움큼 따서는 입에 넣고 우물우물 씹어 먹기도 했다. 그러다보면 어느새 얼굴과 손등은 가시에 긁혀 피가 흐르기가 일쑤였다. 그렇지만 누구하나 이에 아랑곳하지 않고 가시덤불을 헤쳐가며 찔레를 꺾고, 산에 올라서는 버찌를 따 먹곤 했다. 그렇게 정신없이 뛰놀다 보면 나른한 봄날의 하루해는 어느새 서산 나뭇가지에 조각달로 걸쳐 있었고, 입술과 혓바닥은 온통 자연물감으로 채색되어 멍이 들어 있곤 했었다.

핑계 같지만 금년 들어서는 구제역 때문에 고향을 한 번도 찾지 못했다. 주말쯤이면 고향산천에도 진달래꽃을 시작으로 산과 들이 온통 생명의 기운으로 넘쳐 날 것이다. 가보지 않아도 눈에 선하다. '나의 살던 고향은 꽃피는 산골, 복숭아꽃 살구꽃 아기 진달래 울긋불긋 꽃 대궐 차린 동네 그 속에서 놀던 때가 그립습니다.'라는 동요 가사 같은 고향의 산과 들이 뇌리에 파노라마처럼 오버랩되어 온다.

3부

강길중, 당신을 사랑합니다

세 번의 만남 그리고 부드러운 리더십

고 찬 식(자치행정과 조직관리팀장)

불가에서는 옷깃만 스쳐도 인연이라는 말이 있는데 공직에 들어오면 어떠한 인연으로든 여러 번 같이 근무하게 되는 경우가 있다. 물론 보직경로가 비슷하여 만나기 싫은 사람도 자주 만나는 경우가 있지만 같이 근무하고 싶은 상사, 동료가 있게 마련이다. 같이 근무하고 싶었던 강국장님과의 인연은 내가 공직에 입문하여 10여년의 세월이 흐른 94년도에 도정경영혁신팀의 일원으로 만나 17년이라는 세월이 흐른 지금 국장님께서는 공직자라면 누구도 피해갈 수 없는 어떻게 보면 명예로운 퇴장이고 어떤 시각에서는 아쉬운 퇴장일 수도 있는 정년퇴임을 앞두고 계신다.

첫 만남의 느낌은 도정 경영화에 대한 연구와 토론을 하면서 직원들의 의견을 듣고 직원의 의견을 존중하는 자세를 보면서 진정한 리더, 부드러운 리더십을 갖춘 분이 아닌가 하는 막연한 생각을 갖게 되었으며 같이 근무하고 싶다는 생각을 하게 되었다. 사람이 간절히 바라면 이루어진다고 하듯이 97년 기획관실에서 시책개발계장과 직원으로 만나 근무하게 되었다. 1년여의 짧은 기간이었지만 도정을 위한 열정과 창의적이고 진취적인 사고방식을 가진 분이라는 것을 새삼 깨닫게 되었다. 공직생활을 하다보면 알게 모르게 많은 영향을 끼친 분이 몇 분이 계신데 그중 한 분이 아닌가 생각하며 늘 고마운 마음을 갖고 있었는데 어느새 이별을 해야 하는 시간이 가깝게 다가온 것이 많은 아쉬움으로 남는다.

세 번째 만남은 도정 역사상 최초로 국제행사를 개최하기 위하여 조직된 오송국제바이오엑스포 조직위원회 사무국에서의 만남이었다. 밤낮을 가리지 않고 열정적으로 일하시는 모습을 지켜보면서 부드러움 속의 강인함이 있는 외유내강형의 전형적인 리더라고 생각했다. 늘 직원과 함께 생각하고 직원의 의견을 존중하며 직원들의 창의력을 키워주는 부드러운 카리스마의 리더로서 역할을 수행하여 오송국제바이오엑스포를 성공적으로 개최함으로서 10년이 지난 작금에 첨단의료산업복합단지를 우리 지역에 유치하는 쾌거를 이루는 기초가 되지 않았나 생각한다.

우리 사회를 이끌고 가는 리더들을 보면 아주 다양한 형태의 리더십을 보여주고 있다. 조직 구성원의 의견을 듣고 결정하기보다는 리더의 명령과 복종을 강조하는 지시형과 민주적 리더십으로 부하직원들의 의견을 묻고 이들을 결정과정에 참여시키는 참여형이 있으며 대부분의 의사결정권을 부하직원들에게 위임하는 자유형 리더십이 있다. 공직사회에도 이와 같은 리더들이 존재하지만 나는 오늘 강하면서도 부드러운 리더십을 갖춘 참여형의 리더라고 할 수 있는 분의 정년퇴임을 앞두고 아쉬운 마음을 갖지 않을 수 없다. 누구나 세월을 거스를 수는 없는 법이지만 국장님의 퇴장이 아쉬운 것은 도민과 도정을 위하여 누구보다도 열정적으로 더 많은 일을 하실 분으로 믿어 의심치 않기 때문이다. 또한 나에게 많은 영향을 끼친 내 가슴속 멘토의 퇴장이 아쉬우며 나 역시 국장님을 본보기 삼아 후배 공직자의 귀감이 될 수 있도록 열정적으로 일하겠다는 다짐을 해본다.

공직에서는 물러나시지만 도민과 도정을 위하여 다양한 방법으로 많은 조언을 아끼지 않으실 것이라 믿어 의심치 않으며 지나온 32여년의 공직생활 동안 즐거운 일만이 있었다고 할 수는 없겠지만 아쉬움과 괴로웠던 일, 서운했던 일은 모두 잊으시고 봉사와 희생으로 대변되는 공직이라는 큰 짐을 내려놓으시고 남은 인생 설계 잘하셔서 제2의 인생을 꽃피우시길 바란다.

친정아빠의 향기

김 기 래(충청북도자치연수원 행정지원과)

2008년 1월, 강길중 국장님께서 우리 부서로 부임을 하셨다. 며칠 후 친정아버지가 위독하셔서 입원을 하셨고 국장님께서 병원으로 문병을 오셨었다. 그리고 안타깝게도 친정아버지는 다음날 숨을 거두셨다.

아버지가 돌아가시고 마음의 병이 몸의 병이 되었는지, 난 많이 아팠다. 그래서 내가 맡은 행사에 작은 실수가 있었고 국장님께 꾸지람을 들어서 그때의 실수를 만회하려고 다음 행사 때 많이 노력을 했던 기억이 난다.

초반부터 꾸지람을 들어서 어렵고 깐깐한 분이라고 느껴졌지만, 시간이 흐를수록 시원한(?) 헤어스타일과 업무추진에서 느껴지는 꼼꼼하고 세심함 속에서 친정아버지의 모습이 모락모락 느껴지기 시작했다.

그래서인지 강국장님에게는 다른 상사 분들과 다른 두 가지가 느껴진다. 그 중 하나는 직원들의 말을 경청해 주신다는 것이다.

업무추진에 있어서나 가끔의 회식자리, 식사자리에서도 국장님은 여느 국장님과 달리 직원들에게 부담주지 않으시고 직원의 말을 경청해 주시고 함께 기뻐해 주시고 진심으로 고민해 주시는 것을 느꼈다.

또 한 가지는 가족을 사랑하는 인간다운 모습이다. 언젠가 국장님 사모님께서 맹장수술을 하셔서 여직원들이 문병을 간 적이 있었다. 병동 복도로 들어섰을 때 반대편에서 링거를 꽂은 사모님을 부축하고 오시는 국장님의 모습이 눈에 들어왔다. 그 모습은 어렵고 무서운 직장상사의 모습이 아닌 단지, 아내의 건강을 걱정하는 남편의 모습이었기에 내 눈가를 촉촉하게 적시게 했다.

'울지마, 톤즈'의 이태석 신부님은 사람에겐 저 마다의 향기가 있고 그 험난한 아프리카의 삶을 선택한 것도 그 아름다운 향기들 때문이라고 말씀하셨다. 강길중 국장님의 향기는 안팎으로 배려해 주시는 따뜻한 친정아빠의 향기라고 말씀드려도 될까?

자유와 사유의 바다로 출항하는 멋진 당신

김 기 원(시인. 충북도 문화예술과장)

'죽는 날까지 하늘을 우러러 한 점 부끄럼 없기를 잎새에 이는 바람에도 나는 괴로와 했다' 그리하여 '모든 죽어가는 것을 사랑하며 나한테 주어진 길을 걸어가야겠다' 라는 윤동주 시인의 시가 문득 뇌리를 스칩니다.

34년의 공직생활을 영예롭게 마무리하고 어쩌면 그 공직기간 보다 더 긴 제2의 인생여정의 새로운 출발선에 선 강국장을 그리는 이 순간에 말입니다.

아마도 그것은 강길중 국장이 공직생활 내내 맑은 영혼과 순수한 마음으로 한 점 부끄럼 없이 일과 사람들을 사랑하고 때론 괴로워했으리라는 믿음 때문입니다. 이제 그는 책의 제목처럼 '바다와 같은 삶을 꿈꾸며' 본인에게 주어진 길을 묵묵히 걸어 갈 것입니다. 먼저 그런 그의 앞날에 신의 축복과 은총이 늘 함께 하기를 축원합니다.

돌이켜보면 강국장과 필자는 참으로 좋은 인연을 맺고 살아왔습니다. 공직의 시작을 비슷한 시기에 충주시에서 시작했는데 그는 7급(4급을류) 공채로 저는 9급(5급을류) 공채로 출발해서 공직의 스타트라인이 달랐을 뿐 시청의 젊은 직원들로 구성된 청우회 멤버로서 우의를 쌓았고 그가 평생 반려자인 유영무 여사와 결혼식에서 제가 사회를 맡아 인생의 의미를 더하기도 했습니다.

충북도청으로 전입도 거의 비슷한 시기에 들어와 관선지사 끝무렵인 김덕영 지사 시절 행정의 경영화라는 기치아래 조직된 도정 경영혁신팀에서 그는 세입증대 분야에서 저는 세출절감 분야에서 일했는데 그 때 함께했던 멤버들이 강국장을 회장으로 백록회란 부부모임을 결성하여 20여년간 교류하고 있음도 그의 따뜻하고 부드러운 리더십 덕분이 아닌가 합니다. 뿐만 아니라 강국장은 글도 잘 써서 필자가 행우문학회장 시절 공무원문예작품 현상공모에 응모하여 수필분야에 입상하여 문학 활동도 함께 한바 있고, 나와 똑같이 협심증이 있어 의사의 권유로 시작한 골프도 가끔씩 함께 하는 사이로 공직에 있으면서 그동안 같은 부서에 근무한 적은 많지 않았지만 먼발치에서 서로 잘 되기를 마음으로 성원해 오며 여기까지 왔습니다.

이제 그가 청춘을 오롯이 바쳤던 공직을 뒤로하고 그토록 꿈꾸어 왔던 바다 같은 삶을 향해 나아갑니다. 새로운 출발은 본디 불안과 설레임을 동반하지만 그 바다는 그에게 무한한 자유와 사유를 주고 그는 그 속에서 공직에서 누리지 못했던 또 다른 성취감과 행복감을 맛보게 될 것입니다. 그는 원래 천성이 착해서 남하고도 잘 어울릴 뿐만 아니라 그의 행실이 참으로 진실하고 성실하기 때문에 그가 어디에서 무엇을 하던 반드시 성공하는 삶을 누리리라는 믿음이 있기 때문입니다.

'바다 같은 삶을 꿈꾸며' 란 이 책 속에 그의 삶과 그의 인생관 그리고 그의 진솔한 이야기들이 화려하지는 않지만 질그릇처럼 소박하고 양념된장 같은 감칠맛 있게 배어있습니다. 공직 선후배는 물론 강호제현들의 일독을 권하며 그의 멋진 비상을 기원합니다.

편지

김 미 경(자치행정과)

안녕하세요? 국장님!

제가 졸필임에도 이렇게 용기 내어 글을 쓰는 이유는 지난 몇 년 동안 전해드리고 싶었던 감사의 마음을 지금이나마 전하고 싶어서입니다.

국장님을 비서실장님으로 모시게 된 인연은 저에게 무척 행운이었다고 생각합니다.

층층시하 어른을 모시는 맏며느리처럼 행동 하나 하나가 조심스럽고 어려운 곳이 비서실입니다. 호수 위에 떠 있는 오리 아시죠? 훗훗 저는 비서들을 늘 그 오리와 같다고 생각했답니다.

겉으로 보이는 것과 달리 뒤에선 번개처럼 순발력 있게 뛰어다니고, 급히 대처해야 하는 일이 많으니까요. 이렇게 어려운 비서실 생활 중에 국장님께서 직원들을 편하게 대해 주시고, 가족 같은 분위기로 만들어 주셔서 즐겁게 일할 수 있었습니다.

그때는 남의 이목도, 나에 대한 평가에도 무척 예민하던 철없는 아가씨 시절이었습니다. 제가 비서로써 자긍심을 갖고 일할 수 있었던 것은 국장님이 무한이 보내주셨던 저에 대한 '믿음' 때문이었던 것 같습니다.

이 세상 누구든 자기 자신의 능력을 믿어주고 지지해주는 분과 일한다는 것은 커다란 행운입니다.

칭찬은 고래도 춤추게 한다고 하죠. 그래서 더 잘하고 싶었고, 더 열심히 하고 싶었습니다.

특히 평생 잊을 수 없는 감사한 일이 있습니다.

시험을 준비하던 기간에 국장님께서는 하루의 휴가도 쓸 수 없는 제가 안타까우셨는지 복도 끝 창고를 정리하게 하신 후 잠깐 잠깐 시간이 날 때 공부를 할 수 있도록 배려해 주셨습니다. 비록 작은 창고방이었지만, 그 시간만큼 저에게는 세상에서 가장 좋은 독서실이었습니다.

그런 응원과 믿음 덕분에 제가 지금 또 다른 분야에서 열심히 일할 수 있는 것 같습니다.

국장님!

제가 다른 곳으로 발령을 받아 가던 날, 친히 옥천까지 배웅해 주셨지요. 그날 국장님과 직원들이 가시는 뒷모습을 보면서 눈물이 났습니다.

저 멀리로 시집가는 딸이 친정아버지와 오라버니들을 보내는 마음이었습니다. 그 만큼 정도 많이 들고, 감사한 마음이 커서 일 것입니다.

국장님!

퇴직 후에도 지면으로 국장님 글을 많이 만날 수 있게 되기를 바래봅니다. 사모님과 다니신 여행기도 만나고 싶고, 퇴직 후에 멋지게 새 인생을 즐기시는 모습도 만나고 싶습니다. 국장님 뒤를 잇는 후배 공직자들에게 큰 귀감이 될 것입니다.

그러려면 항상 건강하셔야 해요.

이제 새로운 시작을 준비하시는 국장님께 무한한 존경과 응원을 보내드립니다.

국장님 파이팅!

강길중 頭韻辭

김 선 호(청주시 문화관광과장)

강산이 변하는 데 10년이 걸린다는 선인들의 셈법은 얼마나 정확합니까! 국장님의 재직기간이 32년이라니 족히 세 번은 변했겠네요. 반증해 보십시다. 민주화의 열풍이 일던 80년대, 지방화로 몸살 앓던 90년대, 세계화를 해야 살아남는다며 요란을 떨던 밀레니엄 프로젝트 등 굵직굵직한 변화의 물결이 세 번이나 우리 곁을 스쳐갔습니다. 참 정확하네요. 이쯤 되면 사실 사람의 마음도 따라 변해야 하는 게 아닐까요? 그런데 국장님은 변화의 대열에서 낙오했습니다. 아니 필사적으로 탈출했습니다. 제가 처음 국장님을 만난 건 80년대 초반 충주시청에서랍니다. 당시 국장님은 주사로 승진하여 감사실의 계장을 하셨고 저는 상공운수과에 근무했습니다. 상하의 계서가 엄하고 선배공무원이 무섭던 시절이었지만, 국장님은 유난히도 따뜻했지요. 자주는 아니었지만, 이런저런 만남의 끝자락에서 이는 여운은 늘 평화롭고 다정다감했습니다. 이후 국장님은 도청 사업소인 내수면개발시험장으로 옮기셨고, 저도 몇 년 후에 도청으로 전입하여 다시 만나게 됩니다. 삼십여 년 전이나 지금이나 늘 한결같은 국장님은, 변화에서 낙오한 게 아니라 의도적으로 탈출한 것이 틀림없네요.

길은 누구에게나 주어집니다. 사는 동안 싫든 좋든 어느 길을 가야하는 게 인생이니까요. 어떤 이는 비교적 쉬운 길만 열리고 또 누구는 고단한 길이 앞을 가로막습니다. 공직이라는 길은 어떤 걸까요? 지금이야 주목받는 길이 되었지만, 사실 꽤나 오랫동안 공직은, 사명감이 없이는 평생 걷기가 그리 녹록하지 않았습니다. 그 길을 오직 일념 하나로 걸어오신 서른 두 해, 결코 쉬운 여정은 아니었을 것입니다. 온갖 역경과 유혹과 회의도 있었을 것이고, 때론 다른 길에의 미련도 있었을 것입니다. 그럼에도 흔들림 없이 올바르게 걸어오시고 드디어 결승점에 서신 국장님께 진심으로 경하의 찬사를 올립니다.

중요한 건 지금부터라 생각합니다. 새롭게 내딛는 걸음, 새로운 길을 나서는 저 바깥을 보십시오. 유월 신록이 유난히도 짙네요. 싱그러운 향기를 뿜는 꽃들의 향연과 새들의 노래가 잔치 분위기를 한층 고조시킵니다. 사실 저는 유월을 좋아합니다. 유월은, 많은 의미를 내포하지요. 때로는 정열을, 또 어떤 이는 한국전쟁을 떠올리기도 하지만, 저는 1년을 펼쳐 놓은 여정의 절정을 생각합니다. 나이가 들면서, 하반기를 시작하는 칠월의 터닝 포인

트가 그다지 고와 보이지는 않네요. '절정을/ 코앞에 둔/ 아직은 오르막길// 한껏/ 달아올라/ 몸부림치는 여인처럼// 그쯤서/ 머물고 싶다/ 사정 잠시 멈추고 싶다' 6월이라는 제목으로 쓴 제 졸시입니다. 흐르는 세월을 막을 묘약이 없는 한, 어찌 한 지점에 머물 수야 없겠습니다만, 그래도 유월의 느낌으로, 약동하는 절정의 미학으로 늘 건강하시길 간절히 기원합니다. 강산이 세 번이나 변했어도 끝내 변치 않은 그 심성으로 제2의 인생을 잘 설계하십시오. 별리의 아쉬움도 더욱 솟구치는 추억도, 축하의 인사까지도 모두 국장님 이름삼행시에 담습니다.

강가에 흐드러진 수선 꽃잎 살며시 따다
길목마다 수를 놓고 님을 보내 드립니다.
중절모 둥근 챙에는 정도 사려 두릅니다.

꽃향기보다 진한 인간미에 매혹되다…

김 연 준(예산담당관실)

강길중 국장님과의 첫 만남은 1998년 공보관실 근무시절이다. 그 당시 나는 보도계에 근무를 했고 국장님은 공보계장님으로서 비록 직속계장님은 아니었지만 자상함과 친근함에서 뿜어져 나오는 진한 인간미에 나는 서서히 마취되어 갔다. 나뿐만 아니라 그 당시 공보관실에 같이 근무했던 많은 동료들도 나와 비슷한 감정을 가졌을 것으로 생각된다. 업무를 추진하면서 어려움에 봉착하면 어느새 나타나셔서 격려의 말씀을 아끼지 않으셨고, 상사의 심한 꾸중에 상처를 받을 때에는 그 상처를 아물게 하는 치료제 역할을 해주셨다. 그래서 점점 더 국장님의 인품에 나의 마음을 기대고 의지하면서 공무원생활을 계속할 수 있었다.

그 당시 공보관실에서 내가 맡은 업무는 도정사상 최초의 영상홍보물을 제작하는 것이었다. 기존에는 신문홍보와 팜플렛 등 종이를 통해 도정을 홍보했지만, 새천년이 밝아오는 밀레니엄시대에 도정홍보를 획기적으로 변화시켜야 한다는 방침에 따라 TV뉴스 형식의 영상홍보물을 제작하게 되었다. 그러나 무엇이든 처음 시작하는 것은 말 못할 어려움이 한두 가지가 아니었다. 뉴스제작

시스템도 완비되지 않았고, 그러한 경험도 일천했기에 제대로 된 영상홍보물을 만들 수 있을지는 의문이었다.

그러나 도정발전을 위해 한번 해보자는 일념으로 지금도 현직에 계신 김방식 주무관과 의기투합하여 영상홍보물 제작에 돌입했다. 시나리오를 쓰고, 아나운서를 섭외하고, 야외촬영에 여념이 없을 때 한 가지 큰 어려움이 우리 앞을 가로막았다. 그것은 다름 아닌 유명 성우를 섭외하는 것이었다. 물론 많은 돈을 주면 1급 성우를 섭외할 수 있지만 처음 만드는 영상홍보물에 예산이 충분할 리 없었고, 한정된 비용으로 제작을 하다 보니 웬만한 성우를 섭외하는 것은 엄두도 못 낼 일이었다. 그렇다고 충북 도정사상 최초로 자체 제작되는 영상홍보물을 대충대충 만들 수는 없는 노릇이었다. 한동안 그 숙제를 풀지 못해 안타까움만 더해 가고 있을 때 강길중 국장님(당시 공보계장)이 슈퍼맨처럼 나타나셨다. 본인이 해결해 주시겠다면서…

그 당시 우리나라를 대표하는 1급 성우로는 김동성 씨와 박기량 씨가 거명되고 있었다. 두 분 모두 거액이 있어야 모실 수 있는 분들이었는데 마침 국장님이 1급 성우 박기량 씨를 잘 알고 계신 것이었다. 약간의 성의만 보이면 박기량 씨를 섭외할 수 있다는 것이었다. 그 당시 얼마나 반가웠던가? 하늘을 박차고 올라갈 만큼 흥분을 감출 수 없었다. 마침내 국장님이 박기량 씨에게 전화를 걸어 사정을 얘기하고 협조를 구했더니 아니나 다를까? 박기량 씨가 적극 협조해 주겠다고 확답을 주신 것이다. 우리는 곧바로 시나리오를 들고 서울에 있는 박기량씨 녹음실로 달려갔다. 과연 박기량 씨는 고수였다. 원고를 몇 번 읽더니 곧바로 녹음에 들어갔는데 풍부한 음량과 사람을 끌어들이는 목소리가 그야말로 일품이었다. 그렇게 제작된 영상홍보물은 유선방송을 통해 도내 전역에 방영되어 도민들이 도정을 쉽게 이해하는 계기를 만들었다고 자부한다. 그 이후에도 박기량 씨는 강길중 국장님으로 인해 끝까지 영상홍보물 제작에 협조해 주었으며 그 친근한 목소리는 국장님의 고매하신 인품과 오버랩 되어 지금도 잊을 수가 없다.

어려움이 있을 때마다 단비가 되어 주셨던 강길중 국장님이 이제 수많은 애환과 땀이 깃든 공직을 마무리하신다. 비록 퇴임은 하시지만 후배들에게 뿌려놓은 진한 향기는 오래도록 남아있을 것이다. 국장님!! 늘 건강하시고 행복 하세요.^^

錦寛人 姜吉中 국장님과의 인연

김 영 환(복지장애인과)

금관인(錦寛人:청원군 미원면 금관리에서 태어남)인 국장님과의 직접적인 인연은 지금부터 17년 전인 지난 1994년 초 행정에 경영마인드 접목을 강조하신 도지사님께서 경영혁신연구TF팀 운영 방침에 의하여 동료 선후배님들의 의혹과 질타의 눈길을 받으며 2개월여 고뇌의 시간을 보낸 듯싶다. 경영혁신연구 TF팀은 10여 명으로 구성되어 삼성그룹 등 대기업을 중심으로 초(秒)개념 시간관리, 조직의 슬림화, 행정에 기업의 경영기법 도입과 같은 성과관리시스템 도입 등 그 당시 정부 부처와 지방행정기관에서는 생각지도 못한 막중한 업무를 이해하고 수행하느라 적잖은 고민과 스트레스로 일관된 하루하루를 보낸 일들이 지금도 뇌리에 남아 있고 그때 아이디어가 지금까지 이어지고 있는 개선방안을 보면 흐뭇한 미소를 머금곤 한다.

이때 동고동락했던 10여 명이 부부동반으로 제주도 한라산 백록담 등반을 기념하여 백록회라는 모임을 결성하여 먼저 퇴임하신 선배님과 함께 지금도 부부동반으로 매분기 만나 자녀 애기부터 세월에 장사 없다고 건강관리 문제, 각종 도정 현안에 관한 조언과 경험담을 나누는 소중한 시간을 갖고 있어 가족들도 만나는 날을 손꼽아 기다리곤 한다.

금관인께서는 1978년 충주시에서 공직을 시작한 이래 도 공무원교육원 총무과장, 비서실장, 단양군 부군수, 공보관, 정책기획관, 행정국장, 농정국장을 역임하면서 명석한 판단력과 직원에 대한 이해와 배려심으로 항상 매사에 순리를 중시하면서 모두가 공감하는 방안을 마련하여 윗분에겐 칭찬을, 아래 직원으로부터는 공경과 찬사를 받는 공직생활을 하였으며 특히 차분하고 데굴데굴 굴러가는 목소리와 정확한 발음은 어느 아나운서 못지않다고 동료들은 기억하고 있다.

그리고 남들은 아래 직원이 며칠 밤낮을 고민하며 쓴 글을 빌리는 형태로 언론사에 기고를 하지만 금관인께서는 시대를 읽고 경험을 바탕으로 물 흐르듯 자연스럽게 표출된 주옥같은 글들은 뭇사람들의 공감대를 얻고도 남는 훌륭한 글이라고 얘기하고 있다.

그러나 공무원은 공직 마감과 동시에 공직기간 동안 주 고객인 도민으로 돌아가 지금까지와는 반대의 역할과 연속적인 긴장의 끈을 놓게 되어 환경 변화에서 오는 허탈감과 건강에 경광등이 켜져 퇴임 초기 마음 고생하시는 선배님 소식을 들을 때마다 안스럽고 안타까운 마음을 갖게 하는데 금관인께서는 여느 선배님과 달리 공직생활 동안의 경험과 역량을 후배들에게 전하면서 정을 나눌 수 있기를 바라는 마음이다.

이른 봄 두꺼비가 겨우내 생활하던 숲에서 산란처를 찾아 늪으로 어려운 걸음 내딛듯 이제 33년여의 공직을 뒤로하고 정든 충북도청의 울타리를 벗어나시는 국장님께 축하와 두 손들어 힘찬 박수와 함께 다시 한 번 저를 비롯한 백록회원과 옛정을 나누면서 건강과 특히 그동안 내조하느라 고생하신 사모님을 비롯한 가족 모두의 행복이 가득하시길 기원 드린다.

그동안 수고 많으셨습니다.

밥 사 주시는 국장님

김 은 영(농업정책과)

"오늘 점심 약속 있어?"

"있는데… 왜?"

"국장님께서 밥 사주신대. 취소하고 같이 가자!"

야속하게도 국장님께서는 제가 선약이 있는 날만 골라 밥을 사 주신다고 하셨습니다.

마치 아시고 저만 쏙 빼놓으시려는 것처럼…

여느 다른 상사들처럼 권위적이고 비민주적인 분이셨더라면, 훗날이 두려워 선약을 취소하고 흔히 얘기하는 눈도장을 찍으러 참석했을지도 모르겠습니다.

하지만, 제가 아는 국장님은 '불참'을 이유로 불이익을 주시는 분은 절대 아니라는 믿음이 있었기에 선약을 고집했습니다.

그리고, 몇 번 참석치 못한 후에, 그것은 제 탓이 아니고 순전히 국장님께서 날을 잘못 잡으신 탓에 제가 빠질 수밖에 없었다고 장난스레 투정을 부리기도 했습니다.

저도 밥 사달라고 졸라댔고, 그것마저도 흔쾌히 받아들여 주셨던 국장님…

누구나 그렇듯이 저도 부담 없이 즐거운 마음으로 함께 밥 먹을 수 있는 사람들을 좋아합니다. 또 그들이 있어 행복하다고 느낄 때가 많습니다. 그래서 제가 좋아하는, 격의 없이 지내는 사람들에게 밥 사라는 얘기를 자주 하곤 합니다.

국장님께도 아마 그런 마음이 있었나 봅니다. 함께 밥 먹고 싶은 분…

얼굴도 마주치기 싫은 사람과 굳이 한 끼 때우기 위해 밥 사달라고 할 정도로 궁색하지도 않고, 또 바보도 아니니까요.

가끔 국장님의 얼굴에서 장난기 가득한 소년의 얼굴이 느껴질 때가 있었습니다.

그럴 때는 저도 어느새 장난기가 발동하곤 하여, 국장님을 당혹스럽게 하기도 했습니다.

지나고 나면 혹여 무례하지 않았나, 누가 되지는 않았나 걱정스럽기도 했습니다만, 모든 것을 이해해 주셨으리라 지금도 믿고 있습니다.

국장님, 저도 인제 불혹을 넘기고 지천명을 바라보는 나이가 되고 보니, 세월의 흐름이 눈물 나도록 서글퍼 질 때가 간간이 있습니다. 이런 마음을 느끼고 있기에 퇴직을 앞두신 국장님의 심정도 조금이나마 가늠이 되곤 합니다.

함께 했던 10달 남짓 동안, 국장님으로 인해 즐거울 수 있었고, 또 구제역으로 밤낮없이 비상근무하실 때에는 힘들어 보이시는 국장님의 모습에 마음 아파할 때도 있었습니다.

국장님과 함께 했다는 것 자체만으로도 저에게는 소중한 추억이 될 것 같습니다.

비록 퇴직 후에는 지금처럼 자주 뵙지는 못하겠지만, 오래도록 함께 밥 먹을 수 있는 소중한 인연이 되기를 희망합니다. 그때는 제가 밥 살 수 있는 기회도 주시기를 기대해 봅니다.

갈림길에서

김 정 선(진천군 부군수)

25년 전 초여름 어느 날 충청북도공무원교육원 교학과에 근무할 때였다. 공채3기 선배들께서 워크숍을 갖는다고 강의실 준비를 부탁해 왔다. 그 날 처음 강길중 선배를 만난 이후 지금에 이르기까지 때론 직장 상사로 모시기도 했고 때론 청 내 지근 사무실에서 함께 근무하며 오늘날까지 얼굴 마주하며 일해 왔었는데 —이제 그 선배께서 떠나신단다. 온갖 보람과 애증이 깃든 도청을 마다하고 떠나가신단다. 아직 여러모로 서툴고 가르쳐 주어야 할 것이 많은 후배들 남겨두고 눈 지그시 감고 모르는 체 그냥 우리들 곁을 떠나가신단다. 언제나 다정다감했던 강길중 선배께서 이제는 정말 새로운 여정을 위해 채비를 차리고 있단다.

물같이 흐르는 것이 세월이라 했던가. 늘 함께 했었는데 항상 같이 있어 왔는데 이제는 그 세월이 선배와 우리들 사이를 갈라 놓으려한다. 우리는 지금 이 뜻하지 않은 일에 당황스러워 하며 안타까워하고 있다.

그 어느 해 늦은 겨울밤으로 기억된다. 당시 조직관리 업무를 맡아 일하던 나는 업무실태 분석 차원에서 청내 각 실과를 살피고 다니던 중 농어촌개발과(지금의 농업정책과) 사무실에 홀로 남아 야근하시던 선배 뒷모습을 자주 발견하고 했었다. 깊은 밤 싸늘한 사무실에 난방기구 하나 없이 의지하고 말동무 해 줄 동료 직원 하나 없이 휑한 사무실 한 가운데서 누가 오는지도 모르고 그 어떤 계획수립에 골몰했던 그 때 그 모습이 엊그제 같았는데 — 선배께서는 참 일복도 많으셨던 것 같다. 늦은 밤 야근에 휴무일 특근도 모자라서 그 많은 도정 업무를 섭렵하시더니 급기야는 우리나라 최초의 바이오엑스포까지 완벽하게 치르셨지. 그것도 부족했던가 조류인플루엔자, 솔잎혹파리, 참나무마름병, 산불진화, 수해복구, 설해복구… 아~ 너무 많아 열기하기도 이렵다. 근데 선배 일 욕심(?)은 정말 아무도 못 말린다. 그렇게 다양한 분야의 그 많은 일도 부족했던 모양이다. 내일이면 떠나가야 하는 마당에 또 일을 벌이고 말았지. 이름 하여 구제역! 끔찍했다. 일을 내도 너무 크게 일을 낸 것이다. 도내가 발칵 뒤집혔다. 아니 온 나라가 뒤집어졌다. 이것은 사건이었다. 사건도 아주 대형 사고였다. 그런데 이번에는 이상한 분위기를 느낄 수 있었다. 종전의 선배와는 그 모습이 전혀 달랐다 예전에는 그 어렵고 힘든 일도 홀로 감내하며 묵묵히 처리하고 수습했을 법도 했는데 이번만은 그게 아니었다. 영하 15도를 오르내리는 그 모진 추위 속에 직원들을 내몰았다. 눈 내리는 들판으로 살을 에는 산골짜기로 사정없이 내몰았다. 나도 그 무리에 휩쓸려 진천 어느 산골짜기에서 발을 동동거리면서 설날을 그렇게 보내야 했다. 먼 산 바라보며 돌이켜 본다. 그러기에 평소에 함께 도우며 일을 나누어 했었던들 오늘 이 고생은 하지 않았을텐데… 이제와 후회한들 소용없었다. 그래도 선배를 원망하진 않는다. 우리들을 이렇게 내몰고는 선배 자신도 마음 아파하며 괴로워하고 있을게다. 아마도 혼자 자책하다 어느 막소주집에서 속 쓰려하며 소주잔을 털어 넣고 계실테니까. 강선배님! 이제 그러지 마십시오. 혼자서만 무거운 짐 지려하지 마십시오. 홀로 고민하고 괴로워하지도 말란 말입니다. 그 오랜 세월 헤쳐 오면서 얼마나 수고 많으셨습니까. 가시는 길이 힘들면 함께 가자 말씀하시고 괴로움이 있으면 같이 고민하자 일러 주시란 말입니다. 우리가 함께하고 후배들이 동행할 것입니다. 지나온 길 아득하지만 새로이 갈 길 또한 멀고 먼 여로입니다. 바라건대 이제는 좋아 하는 운동도 하시고 호젓한 오솔길을 걸으면서 느림의 가치도 느껴 보면서 건강도 챙기시고 온 가족과 더불어 언제까지나 행복하소서.

'ㄹ'자 받침 꺾어쓰는, 편안한 사람

김 주 회(충청북도 식품의약품안전과)

때는 1993년쯤, 나는 공무원 초년생으로 가정복지국 서무를 하고 있었고 강길중 국장님은 당시 아동복지계장으로 계셨는데 2년 정도 한지붕 생활을 한 것 같다.

당시 사회복지 업무는 자질구레한 국도비 보조사업은 왜 그렇게도 건수가 많은지? 연초 국도비 정산철만 되면 어느 날은 날밤을 새워가며 정산서 가득한 새까만 숫자와 씨름을 하느라 눈이 멀 지경이었고, 이런 저런 행사는 또 왜 그렇게도 많은지? 인사말씀 파일철을 따로 관리할 정도였다.

강길중 계장님에 대한 인상으로는 똑똑하면서도 따뜻한 사람이라는 기억이 남아 있다. 업무 능력상 뛰어나면서도 참 자상하고 편안한 사람이었다. 언젠가 누군가 말하던 "가장 훌륭한 사람은 부담없고 편안한 사람" 이라는 말에 공감했던 기억이 난다.

강길중 계장님이 연필을 들고 낙서하듯 업무보고, 인사말씀 등의 초안을 만드시는 걸 보고 있노라면 속필로 하느라 전체적으로 글씨가 막 굴러가는 굴림체였는데, 특히 'ㄹ'자 받침을 꺾어 쓰는 것이 인상적이어서 나도 얼떨결에 따라 하게 되었다. 'ㄹ'자 받침을 꺾어 쓰면 '(ㄹ)' 이렇게 된다. 지금은 키보드, 마우스로 글씨를 쓰는 시대이지만, 가끔 연필로 글씨를 쓰다보면 여전히 굴림체에 'ㄹ'자가 꺾어지고 있다.

사람은 세 번 태어난다고 한다. 어머니 뱃속에서 신비한 탄생을 하고, 반려자를 만나 행복한 가정을 일구고, 사회로 나가 꿈과 정열을 불태우게 된다. 그런데 이제는 평균수명이 늘어나서 한 번 더 태어나야 한다고 한다. 강길중 국장님은 이제 한 번 더 태어남을 할 참이다. 그의 새로운 탄생, 멋진 인생을 기원한다.

영화처럼

김 효 진(충청북도 내수면연구소남부지소장)

충주시에서 관리계장님으로 만난 날이 어제 같은데 국장님으로 모셨는데 떠난다는 말을 들으니 지나간 시간이 영화를 한 편 보는 것 같이 흘러갑니다. 처음 만난 그해 겨울은 무척이나 추웠습니다. 양어지가 얼마나 얼었던지 물속에 산소가 공급이 되지 않아 어미로 사용할 고기가 죽어서 양어지 얼음을 조각내어 얼음배를 만들어 타고 다니면서 죽은 고기를 수거하여 언 땅을 곡괭이질 하여 구덩이를 파고 리어카로 실어다 묻었던 일, 지원나갔다가 돌아오는 길에 빙판길에 미끄러져 밤중에 다른 기관에 차를 불러서 현장으로 갔던 일들이 눈에 선합니다.

그 때는 무엇이든지 할 수 있다고 생각을 하고 일을 하였던 시기라 열심히들 일을 하였습니다. 지금이야 사무 환경이 좋아져서 각자 컴퓨터를 가지고 사무를 보지만 그때는 손으로 글을 써서 공문서를 만들다가 타자기로 변해 가는 시점이라 문서 하나 만들려면 수기로 작성하여 결재를 받고, 다시 타자기로 작성하여 발송하기 위하여 우체국으로 가곤 하였습니다.

전화는 통제가 되어서 시외 전화는 대장을 만들어서 통화할 목적을 결재를 받은 다음 통화도 하였던 시기였는데 지금은 단일망이 형성되면서 어디라도 통화할 수 있는 좋은 시기가 되었으니 변하기는 많이 변했습니다. 세월의 흐름이라는 것이 마음처럼 나이가 먹어도 변하지 않았으면 하지만 만물의 이치가 그렇지가 않은가 봅니다.

가는 것이 세월이고 오는 것이 시간이라고 둑을 쌓아서 붙들어 둘 수도 없고 막을 수도 없으니 야속하기만 합니다. 부디 저희들 곁을 떠나시더라도 같이 했던 시간이 아름답고 행복했던 시간이었다고 회상하시면서 미소를 지을 수 있는 아름다운 추억이 되었으면 좋겠습니다.

직장이라고 찾아와서 아무도 아는 사람 없는 충주에 살림하면서 어려웠던 시기에 집사람이 출산하고 돌보아 줄 사람이 없는데도 형제들 돌보듯이 사모님들이 나서서 돌보아 주시던 따뜻하고 너그러움을 소중히 간직하겠습니다.

꽃이 지고 나면 잎이 나오듯이 지금 가는 길이 가장 좋은 길이 되시길…

문 석 구(농업정책과)

한결같이 소박하고 낮은 미소를 담아 세상을 향해 전해온 맑은 감성의 언어들이 마음을 포근하게 합니다.

못 보고 혹은 보아도 마음에 담아지지 않고 지나갔던 주위의 사소한 것들을 찬찬히 살피게 하는 너그러움을 갖게 합니다.

옛날에는 길을 나서는 사람에게 버드나무를 한 가지 꺾어 주었다고 합니다. 떠나는 장도(壯途)에 버드나무의 강인한 생명력만큼 무탈하기를 바라는 마음과, '류(柳)'가 '머무르다'는 뜻의 '留'와 음이 같아 부드러운 가지로 묶어두고 싶은 마음을 함께 전합니다.

이전에 없었던 새로운 사람이 있기라도 한 듯, 정직하고 묵묵히 걸어왔던 길을 이제는 조금 느리게 걸으며 길 위의 많은 것들에 자신을 들여 놓으시길…

바람이 데려다 주는 길을 따라 하늘이 되고, 햇살이 되고, 땅이 되고, 풀이 되어 길 위에서 따뜻한 인연들과 풍경들을 만나시길…

미국 캔터키주에 살았던 한 노인이 그의 시 '만일 내가 인생을 다시 산다면'에 남긴 바램처럼 단정한 일상의 행복을 따스하게 품으시길…

만일 내가 인생을 다시 산다면
이번에는 더 많은 실수를 저지르리라.

긴장을 풀고 몸을 부드럽게 하리라.
그리고 좀더 우둔해지리라.

가급적 모든 일을 심각하게 생각하지 않을 것이며
보다 많은 기회를 놓치지 않으리라.

더 자주 여행을 하고
더 자주 석양을 구경하리라.

산에도 가고 강에서 수영도 즐기리라.
아이스크림도 많이 먹고 콩 요리는 덜 먹으리라.

실제적인 고통은 많이 겪게 되겠지만
상상 속의 고통은 가급적 피하리라.

보라, 나는 시간 시간을, 하루 하루를
의미있고 분별있게 살아온 사람 중의 하나이다

아, 나는 많은 순간들을 맞았으나 인생을 다시 시작한다면 나의 순간들을 더 많이 가지리라

사실은 그러한 순간들 외에는
다른 의미없는 시간들을 갖지 않도록 애쓰리라

오랜 세월을 앞에 두고 하루 하루를 살아가는 대신
인생을 다시 산다면 이 순간만을 맞으면서 살아가리라

나는 지금까지 체온계와 보온 물병, 레인코트, 우산이
없이는 어느 곳에도 갈 수 없는 그런 무리 중의 하나였다

이제 인생을 다시 살 수 있다면
이보다 장비를 간편하게 갖추고 여행길에 나서리라

내가 인생을 다시 시작한다면 초봄부터
신발을 벗어 던지고 늦가을까지 맨발로 지내리라

춤 추는 장소에도 자주 나가리라
데이지 꽃도 많이 꺾으리라

바람이 되어 햇살이 되어 그동안 공직이 준 소중한 추억과 보람들, 몸으로 마음으로 겪은 아픔들을 길 위에 내려 놓으시길…

지나는 바람에 안부를 묻겠습니다. 지금 가는 길이 가장 좋은 길이 되시길 빕니다.

1등 도둑놈의 추억

민 병 완(충청북도의회 산업경제전문위원)

지금으로부터 20여 년 전인 1990년대 초로 기억한다. 승진을 눈앞에 두고 행정실무자반 교육을 가게 되었다. 교육점수가 승진 후보자 명부 순위에 직접 작용하는 터라 누구나 점수에 눈이 발갛게 매달려 있는 건 당연했다. 좋은 점수를 받기 위해 메모를 열심히 하는 것도 모자라 핵심정리에 열을 올렸다. 핵심정리 사항은 하루가 지나면 복사물로 관심있는 교육생들끼리 서로 돌려보게 마련인데 당시 강길중 국장님의 핵심정리는 교육생들에게 가장 인기가 있었다. 며칠 지나다보니 아예 강길중 국장께서 핵심정리를 독점하여 제공하다시피 됐다.

교육 마지막 날이 되었다. 일정에 따라 첫 시간에 시험을 치러야 했다. 교육 결과를 가늠하는 마지막 과정인 셈이었다. 나름대로 공부를 열심히 했다고 생각한 나는 시험지를 받고 열심히 문제를 풀어나갔다. 그런데 딱 한 문제에서 정답을 알 수가 없었다. 건너 뛰어 다른 문제를 풀고 난 뒤 다시 모르는 문제에 매달렸으나 아무리 곰곰 생각해도 기억은 나를 점점 지치게 만들었다. 죄 없는 머리를 볼펜으로 찔러가며 구박을 해도 결과는 마찬가지였다. 입맛이 썼다.

결국 포기하고 답안지를 내러 나가는데 마침 통로 옆에 강길중 국장이 열심히 문제를 풀고 있었다. 혹시나 싶어 지나가면서 문제지를 보니 연습 삼아 푼 답이 선명하게 보였다. 더군다나 내가 풀지 못한 문제의 답도 같이!! 남의 답을 보는 게 잘못된 행동이라는 걸 따질 겨를도 없이 난 걸어가면서 못 쓴 문제의 답을 쓰고 답안지를 제출했다. 오후에 시험 결과가 발표되었다. 그런데 내게 감당하기 어려운 상황이 발생했다. 공교롭게도 강길중 국장님과 내가 만점으로 동점이 된 거였다. 더욱 난감한 것은 공무원 교육원 규칙에 동점일 경우 생년월일이 빠른 사람을 우대한다는 규정에 따라 내가 1등을 하고 강길중 국장님께서 2등을 했다. 몇 년의 세월이 지난 다음 같이 소주를 마시는 자리에서 고백을 했다. "국장님. 사실 내가 1등 도둑놈이요." 그러면서 시험 과정에서 있었던 자초지종을 이야기하자 사람 좋은 강길중 국장님께서는 허허 웃더니 한 마디를 하셨다. "징계시효에 공소시효가 다 지난 것이라 이승에서는 해결이 안 될 것이지만 염라대왕 앞에서는 문제 삼을 수 있을 거요. 오늘 2차를 사지 않으면 저승에서 곤란할 텐테 어찌할 거요?" 우리는 박장대소를 하면서 2차 소주집으로 향한 건 말할 것도 없다.

강길중 국장님은 업무에 대하여 빈틈이 없는 분이지만 이렇게 유머도 풍부한 분이다. 강길중 국장님을 오랜 기간 옆에서 보아온 사람으로 과장 없이 표현하면 인품으로나 업무 추진 능력으로

나 그만한 사람을 찾기가 결코 쉽지 않다. 어떤 어려운 일에도 잔잔한 평상심을 잃지 않고 담대하게 일을 처리하는 걸 보면 사람이 어찌 저럴 수 있나 감탄하게 된다. 밤낮을 잊고 쏟아온 땀과 열정은 도정 각 부분에 주춧돌이 되었고, 충북 발전에 큰 밑거름이 되었다. 충북이 더불어 사는 사회를 만들어 나가기 위해서는 강길중 국장님과 같은 분이 앞으로 꼭 필요한데 세월이 원망스럽다. 퇴직이라는 누구도 피할 수 없는 현실에 맞닥뜨리게 되었으니 말이다.

늘 지혜롭고 큰 안목으로 살아온 분이라 퇴직 또한 제2의 인생의 시작이라는 마음으로 주변과 후배들에게 좋은 모범되시리라 믿으며 앞날에 무궁한 발전을 기원한다.

늘 행복한 나날 되시길…

민 혜 숙(총무과)

1년여 전 어느 때부터인가 국장님의 칼럼을 자주 접해 왔다. 글의 내용이 교훈적일 뿐만 아니라 섬세한 필체와 풍부한 상상의 나래를 펼칠 수 있는 내용이어서 신문에 게재될 때마다 빼놓지 않고 읽어 왔다. 아울러 칼럼은 주변에서 흔히 일어나는 일상의 일들을 소재로 삼아 내 얘기로 착각할 만큼 공감하는 내용이라 더 많은 관심을 갖고 다음 칼럼을 기다리며 지내왔다.

매일 매일 무수히 넘쳐나는 정보(기사)의 홍수 속에서 보통 것은 별로 관심을 두지 않았는데…

그러던 지난 4월 초에 국장님께서는 2주에 한 번씩 써온 칼럼과 평소 써온 자료를 합하여 졸필이지만 책으로 엮어 퇴직기념으로 삼고 싶다는 메일을 보내 주셨다.

좋은 그림이 아니어도 좋은 글이 아니어도 모두가 소중한 것이니 동료들의 글과 함께 책으로 엮어진다면 정말 의미 있는 기념이 될 것 같다는 부탁과 함께…

메일을 받은 후 글재주라곤 조금도 없는 나로서는 고민에 휩싸였다.

전혀 비서 경험이 없던 내가 가까이에서 5개월여 간 모셨던 인연, 비록 짧은 기간이었지만 늘 주변 분들께 자상하면서도 업무에 임해서는 특유의 카리스마를 지닌 꼼꼼하시고 성실하신 국장님을 뵈면서 항상 존경하는 마음으로 계속 모시고 싶은 욕심을 품어왔다.

뭇사람들은 정년에 이르기까지 수많은 희로애락을 겪으며 살아간다고 한다.

퇴직은 일생에 반드시 거쳐야 하는 관문으로 직장인, 사업가 등 지위고하를 막론하고 어느 누구라도 피해갈 수 없으며 영원할 수 없는 시간상의 문제이며 통과의례인 셈이다.

주위에서 퇴직하는 분들 중에는 온갖 세파를 무사히 넘어 정년까지 올 수 있었음에 무한한 감사와 함께 행복한 마음으로 받아들이는 분들이 계신다. 반면 퇴직이 곧 인생의 종점이라도 되는 것처럼 수렁에서 헤매는 분들도 종종 볼 수 있었다. 정년까지 도달하지 못하고 불의의 사고나 불치의 병으로 유명을 달리하거나 여러 가지 사정으로 중도에 떠나시는 분들을 보아왔다.

벌써 헤어질 시간이 다가왔지만 국장님께서는 제2의 멋진 인생을 보내기 위한 새로운 출발선에 선 듯 담담한 모습으로 조용히 퇴임 준비에 여념이 없으신 것 같다.

멀지 않은 장래의 자신을 상상하며 세월의 덧없음과 함께 멋진 청사진을 그려본다.

국장님, '대인춘풍 지기추상(待人春風 持己秋霜)'이란 칼럼 문구를 테이블 위에 올려 놓고 항상 명심하며 살아가고 있습니다. 처음 느낌처럼…

앞으로 좋아하시는 여행 등 취미생활을 맘껏 누리시면서 늘 건강하시고 행복한 나날이 되시길 빕니다.

고생하셨습니다. 사랑합니다!!!

마음속 풍등 하나

박 영 미(도로과)

국장님!

벌써 3년하고도 반이나 지나버린 이야기가 되어버렸습니다. 항상 어제 있었던 일인 듯 생생하고 또한 일상에서도 항상 저를 따라다니는 꼬리표 아닌 꼬리표인 유방암 환자 시절 이야기가 떠오릅니다.

2007년 10월! 나름 잘났다고 자부하며 공직 생활을 하던 나는 행정직으로써 주요부서에 있어야 폼도 나고 목에 힘도 줄 수 있다는 정말 유치하기 짝이 없는 생각을 가지고 주변 아는 인물들—특히 남편—을 동원해 겨우겨우 기획관실로 비집고 들어갔다. 그때는 세상에 부러울 것 하나 없었고 드디어 세상을 향해 나 자신을 마음껏 드러낼 기회라 여기며 의기충천해 있었다. 어쩜 눈도 반쯤 내리깔며 있는 폼 없는 폼을 잡는 도도한 모습이 아니었을까?

그즈음 정책기획관실로 발령 나기 직전에 일본으로 국외연수를 다녀왔는데 가슴에 멍울이 만져져 병원에 조직검사를 의뢰한 상태에 있었다. 조직검사를 받으면서 의사와 간호사들의 표정이 자못 심각했던 느낌이 들었지만, 내가 너무 예민한 탓으로 돌려버렸다. 그러나 정책기획관실에서 행복에 겨워 생활하던 2주가 지났을 때쯤 암 확진을 받았다. 그때 가장 먼저 떠오른 생각은 지금 생각해도 어이가 없을 정도다. '도청 내에 소문나면 안 돼!!!!!!' '아프면 지는 것'이라는 강박관념에 사로잡혔던 것이다. 겉으론 위로하겠지만 속으론 아픈 사람이니 제대로 일을 할 수 없을 것이라는 핸디캡을 씌워서 나를 멀찍이 밀어낼 것만 같았다.

수술을 받고 연이어 6개월 간의 휴직에 들어갔다. 평소 알던 분들이 집으로 문병을 오셨지만 그럴수록 동정을 받는 느낌이 들어 슬퍼졌다. 그런 연유로 내가 건재하단 걸 증명하기 위해 이를 악물고 항암제를 맞는 날도 빠지지 않고 등산을 하며 오기로 시간을 버텨내고 있었다.

그러던 어느 날 전혀 얼굴도 몰랐던 강길중 국장님께서(당시 정책기획관) 밥을 사 주실 거라는 이야기를 전해 들었다. '어? 얼굴도 모르는 나를 위해 밥을 사주신다고?' 왠지 아무 생각 없이 길을 가다 만 원짜리 지폐 한 장 주운 느낌이었다. 간만에 여러 사람과 어울린다는 생각만으로도 들떴고 직원들에게 잊혀지지 않았음에 행복했다. 생면부지의 나를 위해 자리를 마련해 주신 국장님께 너무 감사했고 나 또한 부담 없이 간만에 많은 사람들과 어울릴 수 있음에 한껏 즐겁고 행복했다. 그때 속으론 이런 생각을 했다. 내가 기억하지 못하는 어느 하루, 하늘을 감동시켜서 이런 호사를 누리는 건 아닐까하는…

돌아오는 길에 문득 그동안 공직 생활을 너무 전투적으로 했다는 걸 깨달았다. 나 이외의 모두를 적으로 두고 경쟁을 했었다는 생각이 머릿속을 휙 스쳤던 것이다. 마음을 열고 보면 진정 나를 위해 슬퍼했고 마음 아팠을 그들인데 뾰족한 마음으로 내 마음에 생채기를 내며 모두를 적으로 돌렸었다는 사실이 부끄럽기만 하였다.

국장님!

이 글을 쓰는 지금도 얼굴이 붉어질 만큼 어리석고 욕심 많은 저였지만, 그날의 국장님을 통해 받은 마음속 잔잔한 풍등 같은 사랑을 출발점 삼아 나머지 휴직기간을 오기가 아닌 감사와 행복으로 채울 수 있었음을 늦은 지금 이 순간 고백합니다.

그때의 시련으로 단련된 마음은 어느 순간에서도 행복지수가 절대 고갈되지 않는 화수분으로 자라났습니다. 오히려 암으로 말미암아 삶의 진정한 행복을 배우게 되었던 것입니다. 공직 생활을 하다 보면 가끔씩 불쾌한 감정들도 생기기 마련이겠지만 그럴 때마다 국장님께서 제게 전해주신 마음속 풍등(風燈) 하나를 다른 사람의 가슴에 달아 주는 날들을 만들어 가도록 노력하겠습니다.

국장님!

서른두 해 공직의 길을 마무리 하시는 자리가 너무 아쉽습니다. 내내 건강하시고 행복하시길 두 손 모아 기도하겠습니다.

감사합니다.

약속

박 재 명(축산과)

휴일 봄바람이 나의 손을 잡아끌었을까? 완연한 봄기운에 취하여 도청 정원까지 왔다. 느티나무를 그늘삼아 만든 벤치에 앉아 두둥실 떠가는 하늘의 구름도 보고, 땅에는 어떤 생명들이 요동치는지 번갈아 살펴본다. 이 얼마 만에 누려보는 여유이고 행복인가?

지나간 겨울은 느닷없는 구제역 발생으로 계절 하나를 송두리째 잃어버렸다. 들불처럼 번져 가는 구제역과 맞서랴 혹독한 추위와 맞서랴 하는 사이에 오는 봄은 기대할 수도 없었다. 그런데 언제 그랬냐는 듯 이렇게 따뜻한 봄을 맞아 한가로운 여유를 즐길 수 있다니, 반전된 상황이 믿어지지 않을 지경이다.

나뭇가지 사이로 쏟아지는 햇살도, 당산에서 불어오는 봄바람도 살갗에 부딪치는 감촉이 상큼하다. 어떤 나무는 몽실한 꽃눈을 부풀리고, 또 어떤 나무는 잎눈을 뾰족이 열어두고 봄맞이 준비를 하고 있다. 땅속 쇠뜨기는 잠망경 같은 생식줄기를 쭉 빼 올려 봄이 어디까지 왔는지 정탐하는 듯하다.

저만큼 파란 하늘을 배경삼아 피워낸 목련꽃의 속살이 눈에 부시도록 희다. 목련꽃 피고 지고, 그 다음이면 살구꽃, 벚꽃, 이팝나무꽃… 이참에 줄줄이 피워 낼 봄의 향연을 잔뜩 기대해 본다. 작년에도 그랬는데 올해도 목련을 보니 구제역이란 단어가 떠오른다. 썩 잘 어울리는 짝도 아니고, 공생할 수도 없는 둘의 묘한 관계를 연결해 주는 끈은 다름 아닌 봄이었다. 작년 봄, 목련꽃잎이 뚝뚝 떨어지던 날에는 구제역이 생겼다는 소식을 들었다. 그것이 신호였을까? 두툼한 쌍꺼풀에 긴 속눈썹, 굵은 눈망울을 굴리던 순박한 송아지까지 모조리 숨을 거둬들이던 출발점이 되고 말았다.

그런데 올해도 구제역의 길목에서 목련을 만났다. 그러나 이번에 만난 목련은 구제역의 종결을 알리는 소식이었다. 긴 겨울동안 깊은 산골 외딴마을까지 몰아치던 구제역의 광풍과 어느 해보다 추위가 혹독하고 잔인한 시간 뒤에 찾아온 평화였다.

방역초소 옆 얼음 탑은 하늘을 찌를 듯 높아만 갔고, 텅 빈 축사에 몰아치던 냉골은 언제 온기로 채워질지 가늠되지 않은 채 겨울은 딱 멈추어 버린 줄 알았다. 그랬는데 언제 그런 일이 있었냐는 듯 벤치에 앉아 봄 햇살을 즐기다니 목련이 전하는 이중성이 얄궂기도 하다.

목련을 바라보며 또 하나의 단어 '약속'을 생각했다. 겨울이 지나가고 봄이 오는 것은 자연이 지켜낸 약속이 아니겠는가. 묵묵히 약속을 지켜낸 자연의 변화를 보며, 봄은 다시 오지 않을 계절이라던 지난겨울의 객기(客氣)는, 혹한과 구제역을 앞두고 초라

하게 변한 내 부끄러운 모습이었다.

겨울 다음 봄으로 가는 약속의 교훈을 깨달으며 또 하나의 약속을 더듬어 본다. 안동에서 구제역이 발생했다는 소식을 듣자마자 우리는 온몸의 진이 다 빠지도록 막았다. 우리도 막고 축산농가도 막고 모두가 하나 되었다. 그렇게 한 달을 버티던 날 충주에도 발생했다는 소식에, 곧 밀려들어 올 구제역의 공포로 온 몸을 떨었다. 지난 한 달간의 노고가 허탈감으로 변하고, 급기야 눈물로 변하고야 말았다.

그간 노심초사하시던 국장님께도 뵐 면목이 없어져 버렸다. 경기도와 강원도에서 들불처럼 타오르는 구제역 소식을 접하실 때마다, '아무리 잘 해도 저렇게 막무가내로 밀고 들어오는데 무슨 수로 막아내나?' 라며 늘 걱정을 지고 계시던 분이셨다.

그러던 어느 날 국장님께서는 얼마 남지 않은 공직생활을 마무리하는 날에 구제역도 몰아서 나가겠다는 약속을 하셨다. 다른 해와 달리 구제역의 광풍은 끝이 보이지 않는데 말이다. 그러나 국장님의 지혜가 힘이 되어 구제역 재난을 훌륭히 이겨냈다. 그 결과로 목련꽃 활짝 피워 화려한 봄을 여유롭게 즐기고 있으니 국장님의 약속은 이미 지켜졌다. 일 년에 네 번, 계절의 약속된 변화처럼 인생도 헤어짐과 만남의 반복 속에, 비록 모습은 변할지라도 목련꽃 피고지는 이곳에서 국장님과 다시 만남의 약속을 해 본다.

빛나리 실장님

박 정 옥(총무과 쌍둥이 엄마)

도지사실에 근무하던 2003년도 어느 날, 어디선가 "비서실 실장님 새로 바뀌신데~!" 모시고 있던 실장님도 워낙 자상하시고 멋진 분이셨고 바뀌신다는 말에 서운했지만 그래도 어떤 분이 오실까 한편 궁금하기도 했었다. 아뿔사! 난 실장님이신 줄 몰랐다. 얼굴은 까맣고 빛나리 실장님이셨다. 딱 떠올린 생각! "우리 아빠랑 똑같다" ^^ 하지만 너무너무 자상하신 얼굴이셨다. 내 생각 그대로였다. 실장님과 근무했던 시절을 떠올리면 정말 이렇게 직원들을 내 가족처럼 편하게 해주시고 직장을 내 집처럼 드나들게 생각하게 해주셨던 분이셨다. 친딸의 고민처럼 들어주시고 풀어주시던 국장님과의 편하고 좋았던 기억들은 내 머릿속에 보물상자로 고스란히 담겨져 있다.

2004년인가? 여름이었던 것 같다. 실장님께서 "정옥아 이따가 비서실에서 보여줄 사람이 있어!" "누군데요?" 한 2시간쯤 흘렀을까? 훤칠한 키에 꽃미남이 쇼파에 앉아있던 거다. 누구지? 하고 생각했는데, 실장님께서 직원들에게 "아들 휴가 나왔어!" 어떤 일이 있어도 해병대에 입대하겠다는 늠름하고 진짜 사나이 "꽃미남아들"이었던 거다. 속으로 "오~ 실장님과 닮긴 했는데 저렇게 잘 생긴 꽃미남이 실장님 아들이라니"라고 생각했었다. 사실 실장님 어렸을 때 사진을 못 봤으니 실장님 아드님이니 실장님도 어렸을 적 똑같았겠죠^^

실장님께서 농담으로 "정옥이가 조금만 나이가 어렸어도~ ㅋㅋㅋ" 하여튼 실장님의 며느리 될 사람은 참 복받은 사람일거다.^^ 시아버지가 이렇게 자상하신데 며느리를 얼마나 이뻐하실거야.^^

그리고 하루아침을 신나고 활기차게 시작하라는 뜻으로 이런 농담을 자주 하셨던 것 같다. 몇 가닥 안되는 머리카락을 가지시고 "정옥아 내 머리숱 많아지지 않았니? " "실장님 머리숱 많이 나셨는데 파리가 미끄러져서 기브스할 것 같애요" 이렇게 농담해도 아빠처럼 호탕히 웃으시면서 예뻐해 주시고 하늘같은 직장상사셨지만 정말 편하게 해주셨던 것에 너무 감사드리고 사실 한편으로 국장님같은 상사분들만 계셨다면 어떤 것이 어렵겠는가라는 생각이 한편 들긴 했었다.

단양 부군수님으로 계셨을 때 함께 일했던 비서실 가족들을 초대해주셔서 1박 2일로 멋진 관광도 시켜주시고, 이건 진짜 비밀인데 n.n 절대 탈 수 없었던 보트에 "순찰"이라는 완장까지 차고 보트를 태워주시고, 너무 너무 좋은 추억들을 사진에 고스란히 담겨두고 가끔 사진볼 때마다 예전에 근무했던 추억이 떠오른다.

실장님과의 인연은 이게 끝이 아니다. 행정국장님으로 오신다는 소식을 듣고 누구보다 기뻐하지 않을 수 없었다. 그런데 나만 강길중 국장님을 좋아했던 게 아니었다. 우리 도청직원들은 국장님을 거의 다 좋아하는 것 같다. 국장님은 좋은 상사 좋은 사람! 자기가 받은 행복과 기쁨을 나눠줄 수 있는 분이라 생각합니다.

국장님 몇 개 안 되는 머리카락 잘 보존하시고 사모님과 섬여행 다니신다는 말씀 너무 감동받았어요. 저희도 나중에 국장님 연세가 되었을 때 여행을 통해 제2의 삶을 보내려 합니다.

가족분들 항상 평온하시고 늘 건강하시고 자상한 모습 많이 그리울거고 저희 쌍둥이들 데리고 놀러 갈게요~ 고생 많으셨습니다.

건강히 지내십시오.*^^*

인생은 바퀴 굴리기

서 승 석(원예유통식품과)

"다 같이 돌자 동네 한바퀴~ 다 같이 돌자 동네 한바퀴".

이 같이 동요의 후렴조로 계속해서 이어지는 말은 요즘 젊은 세대에서는 그 의미를 잘 모를 것이나 시골에서 태어난 50년대 생이거나 그 이전 사람들은 반복해서 들으면 아련하나마 의미가 떠오를 것이다. 이는 지금처럼 PC방 컴퓨터 게임 등 놀이문화가 많지 않은 1960~70년대에 시골마당의 넓은 곳에 아이들이 모여서 또래의 앞뒤를 따라가며 부르던 노래이다. 친구들의 옷자락을 잡아가며(달아나며) 놀다가 해가 서산마루에 걸릴 쯤 엄마가 부르는 저녁밥 소리를 듣고서야 집으로 발길을 돌린다. 한바퀴. 곰곰이 생각하니 세상살이란 어떠한 형태이건 간에 한 바퀴로 돌아가는 것 같다. 그 바퀴는 개인사는 요람에서 무덤까지이고 지구는 자전의 연속으로 돌아간다. 바퀴는 지구처럼 스스로 돌기도 하지만 인간사의 바퀴는 물이 흘러야 도는 물레방아처럼 상대성, 즉 동반자를 수반하여 한 평생을 구르며 살아간다.

사회의 기본단위인 가정의 구성은 청춘남녀가 한 쌍이 되어 대대손손 자녀를 낳으며 사랑의 바퀴를 굴리고, 성년이 되어 직장에서는 다양한 성향의 개인이 모여 집단목적의 바퀴를 굴린다. 공공기관은 공익을 우선으로 만족행정의 바퀴를 제공하고 사기업은 기업별 목적별로 감동서비스의 바퀴로 이윤추구를 극대화 한다. 바퀴. 어찌 보면 인간의 삶은 바퀴의 발달사이다. 땅 바닥을 기어가며 짐승처럼 살다가 두 발로 서게 되자 더 빨리 이동하기 위하여 바퀴를 만들어 수레를 이용하고 목재바퀴는 쇠의 발견 이용에 따라 견고한 철재로 바뀌고 철제 바퀴는 공기를 압축 부양한 타이어로 발전하여 쉼 없이 내달린다.

이쯤에서, 필자는 공(公)·사(社)의 바퀴 중 공(公)의 바퀴를 굴려오고 있다. 조류 중에는 외발로 서는 새들도 많으나 생은 물론이거니와 행정의 바퀴는 주민 서비스 등 기울지 않고 고장이 없어야 한다. 지금까지 동료·상사와 함께하며 오래 전에 일이나 아직도 생생한 바퀴의 흔적이 기억난다.

벌써 9년 전의 일이다. 한국·일본과 공동개최한 2002년 월드컵.(2002년 6월) 대~한민국, *대~한美人국!!을 힘껏 외쳐 한국축구사상 최초로 세계4강에 진출하였다. 백두산 천지에서 한라산 백록담을 아우르는 한인의 응원가는 지구의 축을 흔들기에 충분한 함성이었다. 필자는 그 해 7월부터 연말까지 2002 오송국제바이오엑스포에 파견 근무하였다. "2002 오송국제바이오엑스포"(2002. 9. 25 ~ 10. 2(30일간). 2002오송국제바이오엑스포는 충청북도·보건복지부와 공동개최한 최초의 국제엑스포로 주제는 「생명속의 생명」이다. 필자는 여기서 알지 못한 바이오란 생소한 환경을 만나 새로운 바퀴를 굴리게 된다. 이 곳에서 경륜과 덕망이 있는 강길중님(당시 운영부장)과 사업팀장 정재호님 민영완님을 만나 동고동락 하였다. 동 엑스포는 당초 관람객 50만명을 예상하였으나 불철주야로 노력한 결과 목표를 상회한 80만 2천명이 방문하였다.

2002바이오엑스포를 치르며 느낀 바인데 과학·인체연구의 발달로 인간수명 100세가 불가하지만은 않다고 본다. 주목은 살아서 천년 죽어서 천년으로 2천년을 산다고 한다. 좁은 소견이나 사람의 수명 200년이 가능하다고 본다. 어떻게 하나? 철저하게 마음과 신체를 관리하여 건강육신 100세를 지향하고, 저술 등 책을 내어 후세에 전하고 선행을 쌓아 후대에 이름이 알려진다면 그 또한 정신수명 100년을 사는 것이리라. 우리보다 먼저 생을 마친 석가모니 예수 소크라테스 등의 명성이 오늘까지 전하여 옴이 반증이지 않은가. 살면서 옷깃만 스쳐도 인연이라는데, 그 후로 강길중님과 "삶의 바퀴" 인연은 고향 단양군 부군수의 부임과 도 본청에서 농정국장 재임시 농업행정이란 바퀴를 힘차게 윤나게 굴려 온 지난 날이 새삼스럽다. 1988년 월드컵 개막식에 나와 차분하게 굴렁쇠를 굴리던 소년의 모습을 연상한다. 이제 친화력과 역동력이 있는 강길중님의 수레바퀴는 2011년 6월 말이면 멈출 것이나 님의 사람 향내는 오래갈 것으로 소망하여 본다.

꾸중보다는 대안을 제시하는 국장님

손 재 규(진천군 경제과)

글 쓰는 재주가 없어 많이 망설였다.

내가 강길중 국장님과의 만남은 1996년 문화체육과에 근무 할 때가 아닌가 생각이 난다.

당시 계장님은 인품에서 배어나오는 인간미 그 자체였다. 부하를 사랑하고 문제해결과 대안능력이 나에게는 크게 돋보였고 큰 형님 같은 분이 아니었나 생각된다.

나는 문화예술계에서 전국무용제, 전국연극제, 광복50주년기념행사, 충북100주년 기념사업 등 크고 작은 공연예술관련 업무를 담당하는 실무자였다.

특히 기억이 나는 것은 1996년도 충북100년 기념사업 일환으로 우리도와 자매결연을 맺고 있는 일본의 야마나시현, 중국의 흑룡강성, 싸이판 예술단 초정공연(8.3~8.4) 계획되어 있었는데 돌발상황이 발생한 사건의 일화다.

싸이판에서 오는 예술단들이 8월 2일 06:30 김포공항을 이용하여 입국하기로 되어 있었고 이들을 영접하기 위해 D관광회사 버스를 임차하여 당시 충북무용협회장과 사무차장을 김포공항으로 보내기로 되어있었다.

8월 1일까지 나는 모든 것을 체크하고 24:00정도 되어 퇴근을 하고 엎치락 뒤치락 하다 잠이 들려는 순간에 우리 집 전화벨이 울렸다. 아마 새벽 4시쯤 되었을 법하다. 계장님이셨고 김포공항에 가기로 되어 있는 임차버스가 약속시간이 지나도 오질 않는다는 것이다. 나는 솔직히 가슴을 쓸어내리는 심정이었다. 전 날 밤 12시까지 점검을 다했다고 마음먹고 있는데 말이다. 계장님과 나는 급히 차고지로 달려갔는데 가보니 기사들이 화투놀이를 하면서 약속한 시간을 잊어버리고 놀이에만 열중하고 있었다.

실무자로서 계장님에 대한 면목이 없었고 화가 솟구치어 당시 그 자리에서 어떤 행동도 불사하고 싶었다.

하지만 계장님은 달랐다. 황당한 일이 벌어졌으면 불호령이 떨어질 거라 예상과는 달리 오히려 계장님은 큰일을 하다보면 예기치 않는 일들이 돌발될 때도 있어 마음 가다듬고 진정하라며 행동을 자제 시키면서도 대안을 찾고 계셨다.

아마도 계장님의 생각은 새벽까지 잠을 자지 않고 놀이에 몰두한 버스기사를 김포까지 보내는 일은 안전상 문제가 있을 것으로 예견 하셨던 것 같다. 부랴부랴 S관광회사버스를 급조해 김포로 보내게 되었고 천만다행 공연단이 탄 비행기가 연착되는 바람에 공연단을 모셔와 계획된 공연을 마칠 수 있게 되었다.

돌이켜 보건데 난 그 때 당시 상황을 잊을 수가 없다. 혼줄이 날 줄 알았는데 오히려 부하직원을 보듬어 주시면서 대안을 찾아 주시는 당신의 배려는 큰 귀감이 아닌가 생각한다.

추억과 송공의 마음

신 강 섭(자치행정과)

90년대 초반에 강국장님과 함께 일을 하게 된 인연으로, 유비 관우 장비가 장비의 집 뒤 복숭아 동산에 올라 제를 지내고 의형제의 결의를 다지며 천하태평을 꿈꾸었던 모습으로, 소주와 맥주를 섞어 부은 큰 사발을 좌에서 우로 돌려 나눠 마시면서 우의를 다지고 내일의 꿈을 키웠던 시간이 벌써 이십여 년 전의 기억이 되었다.

참으로 어설픔과 부족함이 많았던 시절이었다. 그 시절 나의 그런 모습들도 스쳐 지나온 세월에 힘입어 이제는 미약하나마 나름대로의 몫을 할 만한 연륜이 생겼다고 감히 생각해 보는데, 다시 함께 일하고 싶은 기대를 져 버리고 강국장님은 퇴임을 준비해야 하는 시간이 아쉬울 따름이다.

이십여 년 전을 거슬러 회상해 보면, 내 나이 삼십대의 시작이었고 강국장님은 사십대의 시작이었으니 당시 강국장님은 지금의 내 나이보다도 열 살 정도 젊은 시절이었는데도 지금의 나보다 훨씬 어른스러웠던 것으로 기억된다.

"너 어제 술통 뒤집어 썼지?" 어쩌다 과음한 다음 날에는 직장

선배로서 과음을 자제하라는 메시지를 그런 식으로 전했다. "이게 뭘 믿고 그렇게 퍼 마시고 다니는 거야, 너 건강 자신있어?" "아! 죄송합니다. 이제 술 끊겠습니다. 아니 줄이겠습니다." 정말 싫지 않은 멘토였던 기억이 선하게 떠오른다.

유머스런 위트로 상대방의 마음을 유쾌하게 해주고, 함께 하는 직원들로 하여금 인간미를 자연스레 느끼게 하는 것 또한 남달리 오래 기억에 남을 것 같다.

통상적으로 실국장은 재임 중에 국내(局內) 과사무실을 공식적으로는 두 번 정도 방문 하는 게 일반적이다. 첫 번째는 부임하고 나시 국내 과직원들에게 인사차 방문하고 두 번째는 이임할 때 그동안의 정리를 표하면서 한 번 더 방문하기도 하고 그렇지 않고 이임하는 경우도 있다.

아마도 강국장님은 당신이 함께 근무했던 직원들의 과사무실을 찾은 횟수를 기억하기는 쉽지 않을 것이란 생각이 든다. 사전예고 없이 어느 날 불쑥 불쑥 국내 과사무실을 찾아 결재하러 왔으니 결재나 보고사항이 있으면 갖고 오라고 하신다. 직원들 입장에서는 국장께서 예고 없이 과사무실을 찾은 것이지만 강국장님은 스스로의 일정을 정해놓고 지난번에는 어느 과를 갔었으니까 이번에는 어느 과를 가는 식으로 했던 것으로 생각된다. 물론 과사무실에는 결재하러 온 것도, 보고 받으러 온 것도 아님을 함께 근무한 직원들은 익히 알고 있다.

그 즈음에 과사무실의 분위기가 어떤지 직원들이 힘들어 하는 것은 없는지 직접 보고 싶어 오는 것이다. 그리고는 방문한 사무실에서 직급이 가장 낮거나 나이가 가장 어린 직원 또는 근무경험이 많지 않은 여직원에게 마음을 전하는 한마디를 던지신다. “00는 일 안하고 놀다가 국장이 오니까 일 하는 척 하는 거지?” “하하 어떻게 아셨어요. 국장님!” 강국장님의 말씀의 의미를 아는 직원들도 재치 있고 기분 좋게 맞받아 답을 하고는 한다.

강국장님의 이런 모습들은 함께 하는 직원들에 대해 리더로서 관심을 표하고, 일상의 중심을 자신이 아닌 직원들에게 맞추고자 하는 배려였을 것이다.

동료직원들을 배려하는 강국장님의 모습은 함께 근무하는 직원들을 남에게 지칭할 때의 언어습관에서도 배어나오고 있음을 알 수 있다. 소속직원을 지칭할 때 “데리고 있다.”는 표현은 분명하게 부하로 자리매김 하겠다는 것으로 생각된다. 어찌보면 위계가 정해진 직장에서 부하직원을 지칭할 때 데리고 있다는 식의 표현이 일반적으로 받아들여지기도 하지만 강국장님은 그렇게 지칭하는 것은 보질 못했다. “나와 같이 있어. 나와 같이 일해.” 이런 식이다. 직급과 직위를 떠나 상대를 동료로 인정하고 존중하기 때문에 가능한 것이 아닌가 싶다.

청내에서 스쳐 지나는 직원들을 만나게 되면 “너 요즘 도청 다녀?” “너 요즘 하는 일이 뭐 있어?(빈정거리듯)” 반가움의 표현이다. 그리고 열심히 일하고 있음에 지지와 성원을 보낸다는 의미임을 알고 있다.

언젠가 모임에서의 이야기가 기억난다. 이런저런 담소가 오가던 중 A형이 "요즘은 머리가 예전과 달리 더 빠지고 흰 머리도 늘어가네요."라고 말하자, 대머리에 대해 타의 추종을 불허하는 강국장님이 정감어린 웃음을 머금고 바로 받아서 한 마디 하신다. "내 앞에서 머리 이야기 할래?" "하하 죄송합니다." A형도 상황을 파악하고는 바로 송구스러움을 표한다. 참으로 오랫동안 보아왔던 강국장님의 인간적 모습이다.

강국장님이 지금보다 젊었던 시절 어느 날 술자리에서 해 주셨던 "직장과 일"에 대한 조언의 말씀들이 떠오른다.

"소관 업무에 대해 적어도 직속 상사보다는 많은 정보와 지식을 갖고 있어야 한다."

"상사가 일의 상세한 부분을 챙기는 것은 무엇인가 일이 잘못되고 있다는 것이다."

"해결이 어려운 문제를 혼자 오래 잡고 있으면 터지므로 감당하기 힘들면 위로, 옆으로 패스해야 한다."

"일이 가장 큰 빽이다. 일로서 승부해야 한다."

젊은 시절 강국장님이 이런 말씀들을 해 주실 당시에는 솔직히 술자리에서까지 하는 잔소리로 들리기도 했었다. 나이를 좀 더 먹으면서 나 자신이 다시금 곱씹어 보면서 직무에 임하는 내 지표로 삼게 되었고 강국장님이 롤 모델이 되지 않았나 생각해 본다.

어느 해인가 강국장님께서 시군 공무원들에게 특강을 하신 적이 있다. 당시 그 강의를 들었던 시군 공무원들의 저녁 술자리 강평이 인상적이었다. 그네들의 이야기 핵심은 도청 국장님 특강이라서 업무이야기만 강조하실 줄 알았더니 "건강이 인생의 최고의 선"이라고 하시는 말씀이 아주 인상적이었다고 한다. 강국장님의 특강이 신선하게 와 닿았던 것 같았다.

자리를 함께했던 나는 "직장과 일"에 대한 조언들을 시군직원들에게 해주었다. 역시 그네들은 나의 이야기를 잔소리로 듣고 있음도 바로 알 수 있었다. 아마도 그네들도 나이가 좀 더 먹은 후에는 내 이야기를 기억해 내지 않을까 하는 마음이었다.

아마도 강국장님과 함께 했던 지난 세월의 이런저런 시간들이 앞으로는 점점 더 짙은 색깔로 추억될 것 같다. 좌에서 우로 큰 사발술을 돌려 나눠 마셨던 때의 마음이 내일을 향한 기대였다면 이제는 그윽한 향을 뿜어내는 찻잔을 가끔은 같이 하면서 강국장님과 그동안 함께 공유했던 기억들을 더 소중하게 다지고 싶은 마음이다.

인생은 일, 가족, 건강, 친구, 나(영혼)라는 다섯 개의 공을 공중에서 돌리는 저글링 게임이란 말이 있다. '일'이라는 공은 고무공이어서 손에서 실수로 놓쳐 떨어뜨리더라도 다시 튀어 오르지만, 다른 네 개는 유리공이어서 하나라도 떨어뜨리게 되면 긁히고 깨져 다시는 전과 같이 될 수 없다고 한다. 강국장님이 이제는 잠시 '일'이라는 공은 놓치더라도 나머지 네 개의 공은 균형을 유지해 가며 잘 돌릴 수 있으시길 기원하는 마음이다.

뒷모습이 아름다운 선배에게 드리는 글

신 동 오(청주시 녹색수도추진단장)

공직에 발을 들여 놓은 지 30여 년이 훌쩍 지났다. 이제는 선배보다 후배가 훨씬 많다. 동년배의 가까운 친구들과 만나면 현재의 일보다는 퇴직 후의 일에 대해 걱정하고 얘기하는 것이 자연스럽게 느껴지는 나이다. 가까이 모시던 선배들의 빈자리가 하나 둘 늘어날 때마다 이제는 그것이 남의 일이 아님을 실감하게 된다. 어느 직장이나 마찬가지겠지만 한 선배가 자리를 떠나게 되면 으레 후배들의 평가가 뒤따른다. 좋은 사람 나쁜 사람으로 나누며 술안주 꺼리로 삼기도 한다. 한 사람의 인격을 폄하하기도 존경을 표하기도 한다. 사람마다 주관이 다르고 삶의 방식도 다르고 그것을 평가하는 잣대가 다르니 꼭 나쁘다고 탓할 일도 아니고 굳이 막을 일도 아니다 싶다. 내 모습 또한 그들과 크게 다르지 않으리라.

나에겐 둘도 없는 친구가 있다. 굳이 고사를 인용한다면 막역지우(莫逆之友)나 수어지교(水魚之交)라 할 만하다. 어릴 때 만난 친구는 아니지만 공무원 동기란 인연으로 청주에서 같이 근무하면서 가슴 뜨거운 총각시절을 함께 나누었다. 일주일 차이로 같은 예식장에서 결혼을 했고 태어난 아이들이 아빠들의 대를 이어 뜨거운 우정을 나누고 있으니 말을 더 보탤 필요가 없을 것 같다. 지금 그 친구는 도청에서 나는 시청에서 근무하고 있다. 나는 청주시에서 시작해 같은 자리를 지키고 있지만 친구는 젊은 시절 근무지를 여러 번 옮기고 우여곡절 끝에 부모님이 계시는 청주로 돌아왔다. 그곳이 도청이었다.

친구가 청주로 돌아오면서 잠시 소원했던 만남이 자연스레 잦아졌다. 그 때만 해도 삼십대 초반이었고 직장에서도 소위 말발이 먹히지 않는 졸병이었으니 만날 때마다 직장생활에 대한 우리만의 불평과 푸념이 대화의 많은 비중을 차지했다. 그런 시간이 이어지던 어느 땐가부터 친구의 입에서 강선배님에 대한 얘기가 흘러 나왔다. 정확하게 그 시기가 언제부터였는지는 단정하기 어렵지만 친구가 도청으로 자리를 옮기고 얼마 되지 않은 시기였던 것 같다. 나름 자존심 강한 친구가 새로운 환경에 적응하기 위해 나름 힘들어 하고 있었던 때로 기억된다. 강선배님에 대한 이런 저런 얘기를 토해내기 시작한 그 때부터 그 친구는 덜 힘들어 하지 않았나 싶다. 그 후 이십여 년이 지난 지금에도 존경하는 선배를 얘기할 때마다 빠지지 않는 몇 분 중 한 분이 바로 강국장님이다. 그것이 졸필인 내가 그 분께 흉이 되지 않을까 우려하면서도 감히 용기를 내 이 글을 쓰게 된 동기다.

난, 사적(私的)으로나 공적(公的)으로나 강국장님을 직접 뵌 적이 없다. 그러나 난 그 분을 존경한다. 그리고 그 분의 아름다운 뒷모습에 박수를 보내고 축하의 꽃다발을 건네 드리고 싶다. 친구를 통해 지면을 통해 얻은 간접적인 경험만으로도 충분하다고 생각한다. 내 친구가 직장이나 인생의 멘토로서 그 분을 존경하는 만큼 나 또한 그만큼의 크기로 그 분을 존경한다. 공직자로서 지닌 신념과 열정에 못지않게 후배를 사랑하는 마음과 배려에 특별히 감사드리고 싶다. 언젠가 친구와 술자리를 가질 때 일이다. 친구가 "우리 국장님은 불쑥 불쑥 예고도 없이 사무실에 찾아와" 라고 말을 끼냈을 때 나는 순간 "참 푼수 없는 분이네. 직원들 불편하게 스리" 라고 받아 쳤다. "그게 아냐 임마" 하면서 미처 하지 못한 남은 얘기를 풀어 놓았다. 결재를 핑계로 직원들과 자연스럽게 만나고 거리를 좁히려 노력한다는 얘기였다. 나의 선부른 판단에 얼굴이 붉어졌다.

삼국지의 '도원결의(桃園結義)'를 흉내 낸 일화를 친구로부터 전해 들었다. 혹자는 이런 일에 대해 직장동료로서 적절치 않은 패걸이 문화의 산물이라고 말할 수 있다. 그러나 나는 다르게 생각한다. 조직의 성공은 '소통'에 달려 있다. 정책 기획력이나 추진력보다 더 중요한 것이 '소통'이다. 소통의 리더쉽은 전쟁을 승리로 이끄는 열쇠다. 소통의 리더쉽은 상하간 동료간의 인간적인 '신뢰와 믿음'을 바탕으로 하기 때문이다. '나를 따르라'식의 독재적 리더쉽은 전투에서는 승리할 수 있을지 몰라도 '전쟁'을 승리로 이끌기에는 부족하다. 나의 좁은 소견으로 그런 에피소드는 신뢰와 믿음의 끈을 잇기 위한 노력이었고 눈이 많이 내린 추운 겨울 제자가 길을 잃지 않도록 발자국을 남긴 스승의 심정이었으리라고 짐작해 본다. 강국장님께서 오랜 공직생활을 떠나시는 길목에서 동료로부터 후배로부터 박수를 받는 것도 많은 이들이 아쉬워하는 것도 그런 까닭이라고 생각한다.

문득, 법정스님께서 쓰신 '나무처럼'이란 시 구절이 생각난다. "새싹을 틔우고 잎을 펼치고 열매를 맺고/ 그러다 때가 오면/ 훨훨 벗어버리고/ 빈 몸으로 겨울 하늘 아래/ 당당하게 서있는 나무/ 새들이 날아와 팔이나 품에 안겨도/ 그저 무심할 수 있고/ 폭풍우가 휘몰아쳐 가지를 하나 꺾어도 끄떡없는 요지부동/ 곁에서 꽃을 피우는 꽃나무가 있어/ 나비와 벌들이 찾아가는 것을 볼지라도/ 시샘할 지 모르고 의연하고 담담한 나무/ 한 여름이면 발치에서 서늘한 그늘을 띄워/ 지나가는 나그네들을 쉬어가게 하면서도/ 아무런 대가를 바라지 않는 덕을 지닌 나무"

글을 마치며, 나는 어떤 뒷모습을 남기게 될까 하는 의문을 갖게 된다. 내가 공직을 떠난 후 길에서 만난 후배들이 웃는 얼굴로 날 반겨줄까. 피하지는 않을까 하는 걱정도 해본다. 공직뿐 아니라 모든 직장인들이 갖는 고민 아닌 고민일 것 같다. '아름다운 뒷모습'이 하루아침에 가질 수 있는 것이라면 누가 갖지 못하겠는가. 강국장님의 아름다운 뒷모습을 바라보며 남은 기간만이라도 하루 하루를 소중하게 쓰리라 생각해 본다. 그리고 '선배님, 당신이 남기신 발자취를 그대로 밟고 지날 수만 있어도 행복하겠습니다.'라고 말씀드리고 싶다.

또 다른 꿈을 향해

신 찬 인(충청북도 도지사비서실장)

이른 아침 걷던 오솔길에 흐드러지게 피었던 하얀 벚꽃들을 보며 유난히 춥고 지루했던 겨울도 이제 그만이구나 했었는데…

어느덧 봄바람에 나풀나풀 꽃잎을 떨구더니 꽃은 간데없고 초록빛 새잎들로 또 다른 봄을 치장하고 있다.

강길중 국장님이 이제 공직을 마무리하고 새로운 인생 여정에 들어선단다.

유난이 정이 많고 합리적이며, 유머와 웃음이 많았던 그리고 우리 후배들에게는 칼럼을 통해 아기자기하고 소박한 이미지를 남겨 주셨던 분이다.

내가 강국장님과 남다른 인연을 맺었던 것은 공보관실에 근무할 때였다.

강국장님께서 단양 부군수에서 공보관으로 발령 났을 때, 이임식장에서 꽃다발을 건네주며 울먹이던 여직원들의 손을 잡고 함께 울먹이는 것을 보며 "참 정을 많이도 나누었구나" 했었다.

그리고 6개월여 공보관실에서 함께 근무하며 나 또한 강국장님의 넉넉하고 따뜻한 인품에 힘든 줄 모르고 근무할 수 있었고,

부이사관으로 승진되어 떠나실 때는 나도 왠지 한참을 아쉬워해야 했다.

까무잡잡한 피부에 어디까지가 얼굴인지 분간할 수 없는 넓은 이마, 남들이 그것을 약점이라고 놀릴 때면, 아무렇지도 않게 함께 농담하며 웃어넘기는 천진난만한 해맑은 모습을 한 참으로 순수하고 넉넉한 분이시다.

남들은 승진하느라 얼마나 고생했는지 모른다고 자신의 공치사와 무용담을 끊임없이 쏟아 놓는데, 강국장님께서는 늘 승진하는 줄도 모르게 승진했다고 힘도 안들이고 말씀하시고는 했었다.

비서실장, 공보관, 행정국장을 두루 거치면서 윗사람에게는 믿음직한 참모였고 동료와 후배들에게는 늘 친근한 벗처럼 대해 주셨던 공직자로서나 한 인간으로서 부족함이 없었다.

농정국장으로서 공직을 마무리하는 지난 1년, 그래서 조금은 쉬고 싶고 동료들과 친구들과 좀 더 많은 시간을 갖고 싶었을 텐데, 하필이면 전국을 휩쓴 구제역을 막아내느라 밤과 휴일을 잊고 앞장서 고생하시는 아름다운 모습을 보여주셨던 책임감과 열정을 갖고 계셨던 분이시다.

이제 공직을 떠나면 좀 더 자유롭게 여유 있는 시간을 갖고 여행도 다니고 운동도 하고 글도 쓰고 싶다는 강국장님을 보며, 떠나보내는 아쉬움과 함께 참으로 좋은 선배를 두었다는 뿌듯함을 느껴본다.

사람은 오래 살아서 늙는 것이 아니라 꿈을 잃어버릴 때 늙는다. 강국장님께서 공직생활에서 그랬듯이 새로운 인생 여정에 들어서도 열정과 웃음 잃지 말고 살아갈 수 있다면 그리고 늘 또 다른 꿈을 꿀 수 있다면 아주 오래 젊고 건강하게 살아갈 수 있을 것이다.

꽃이 어디 벚꽃뿐이던가, 벚꽃이 지면 하얀 밥풀 같은 조팝싸리꽃이 그리고 온 산을 불태울 것 같은 진달래와 철쭉이 피고 그리고 가을이 오면 형형색색의 단풍 또한 그 아름다움이 어디 꽃만 못하던가?

인생의 전환점에 선 강국장님, 좋은 꿈 함께하시길 간절히 기원해 본다.

그 동안 감사했습니다.

내 인생의 멘토 강길중 국장님!

신 형 근(충청북도 도지사비서실)

내가 국장님과 처음 인연을 맺게 된 것은 2003년 7월 민선3기인 이원종 도지사님 재임시에 국장님께서 비서실장으로 부임하시고, 나는 일주일 정도 후에 국장님의 부름을 받고 비서실에 근무하기 시작하면서 부터이다.

이때부터 국장님과의 인연은 시작되고 비서실장으로 계신 2년여 동안 가까이서 모시고 이후에는 다른 여러 보직을 거쳐 현재까지 여러 해 동안 지나면서 내게는 국장님이 항상 특별한 관심의 대상이 되었고 아주 좋은 감정으로 나의 마음속에 깊이 자리잡고 있다.

또한 내가 아는 국장님은 내 인생에 있어서 가정, 사회생활과 공직생활 등 모든 면에서 본보기가 되는 분이라 생각한다.

그동안 국장님을 모시고 옆에서 지켜보면서 상하 관계에서의 인간미 넘치는 대인관계, 업무처리 면에서는 합리적이고 책임감을 발휘하며, 가정생활에서는 자상함을 엿볼 수 있었다.

내게 인생의 멘토가 될 수 있는 국장님이 공직을 마무리하는 시점에서 국장님과 관련된 기억을 더듬어 보고 국장님의 앞날에

밝은 희망의 등불이 밝혀지기를 바란다.

내가 2003년 7월 비서실로 처음 발령받아 비서실장으로 모시던 때에는 비서실내 서무의 역할을 수행하였다.

그 시기에는 비서실 정원 기준으로 1명이 부족한 시기가 있었는데 4명의 업무량을 3명이 추진하게 되어 업무 부담이 과중함을 느끼던 때도 있었다. 물론 실장님의 탁월한 지도력으로 직원들의 유기적인 협조를 통하여 원활하게 업무를 추진함으로써 결원 보충을 유보하는 것으로 검토한 적도 있다.

한번은 국장님께서 낭패를 본 적이 있다. 오래전에 법원에서도 최종 종결된 민원사항으로 평상시 비서실에 자주 방문하던 노년의 민원인이 있었는데 하루는 소란을 피우는 민원인을 청원경찰이 밖으로 안내하는 상황이 있었다. 그런데 며칠 후에 그 민원인은 '비서실장이 밀쳐 부상을 당했다'고 경찰서에 고소하는 일이 있었다. 이 사건과 관련하여 국장님은 경찰서에 소환되어 조사를 받고 경찰관이 비서실에 방문하여 현장 검증까지 받는 일까지 있었다. 결국 무고로 결론이 났지만 국장님은 아직도 옛날의 추억으로 남아 있을 것이다.

그리고 내가 본 국장님은 하급자에게는 부드러운 카리스마를 보여주고, 기관장에게는 매우 훌륭한 참모 역할을 수행하는 분이라고 생각한다. 하급자에게는 신뢰와 신의를 가지고 부드러운 카리스마를 바탕으로 명확하고 합리적 대안 제시로 능력을 충분히 발휘할 수 있는 여건을 만들어주고, 상급자에는 정확한 판단을 할 수 있도록 철저한 분석과 근거를 제시하고 충직하게 업무를 처리하고 있다고 생각한다.

며칠 전에 어떤 책 구절에 고위 공직자가 되는 조건 중의 하나가 그 직위에 맞는 인격과 능력이고 공직자로서 사회적 책임과 지위에 따른 능력에 치명적인 약점을 가지고 있다면 그 지위에 있어서는 안 되는 것이라고 쓰여져 있는 것을 보았다. 국장님께서는 공직자가 지녀야 할 조건을 훌륭하게 갖춘 관리자 본연의 품성을 지닌 공직자의 표상이라고 생각한다.

한편, 비서실장을 떠나 공보관, 단양 부군수, 농정국장, 행정국장, 농정국장으로 보직을 바꾸는 과정에서도 비서실장으로 재임하시던 시절 함께 근무한 직원들과 만남의 시간을 마련하시면서 늘 자상함과 인자함을 보여주시던 국장님, 그런데 지난해 지방선거이후 내가 본 국장님은 천직이 직업공무원이기에 본연의 직무에 최선을 다했지만 보직 자체로 오해와 책임을 요구받아 마음의 상처를 입고 너무 힘들어하는 모습에 나를 비롯한 주위의 많은 사람들이 마음이 아파하는 모습을 볼 수 있었다.

국장님은 가정적으로 성공하시고, 직장에서 성공하시고, 사회생활에 성공하셨다고 본다. 공직을 마무리하시면서 앞으로 어떤 일을 하시더라도 그 동안 챙기지 못한 건강을 위하여 조급함과 섬세함을 조금만 덜어내시어 제2의 인생을 건강하고 희망차게 밝혀 나가시길 바란다.

존경하는 국장님 고생 많이 하셨습니다.

연습은 없다

오 병 일(자치연수원)

바이오 캐치프레이즈를 가지고 한참 뛰던 2002년 당시에는 국가적으로도 월드컵이 열리던 해였지만, 우리 충북에서는 2002년 9월 25일부터 한 달간 청주시 주중동 일원(밀레니엄타운)에서 바이오엑스포가 열렸던 시기였다.

9월 25일 각계각층의 인사를 모시고 개막식이 열리던 날 당시 운영부를 관장하고 계시던 강길중 운영부장님이 연단의 사회를 맡고 있었다. 며칠 전부터 개막리허설을 하였지만 당일 생각지도 못한 일들은 지금도 여러 가지를 생각하게 한다.

내내 연습하지도 않았던 내수공군 비행장에서의 전투기 이륙은 축하 비행이라 할 수도 있었으나 고도가 너무 낮아 소음이 되고 말았다.

식순에 의해 내빈들이 개막버튼을 누르는 행사가 있었다. 그러나 개막버튼을 누르는 내빈과 사회자 그리고 개막버튼과 동시에

떠저야 하는 축하발파 사인이 맞지 않았다. 이것은 연습이라고 한 것이 진짜로 되어 버렸으니 그러나 어쩌랴. 이미 시간을 되돌릴 수는 없는 노릇이고 식순에 의해 다음 행사가 진행 되었다.

당일 옥의 티로써 위안을 삼았지만 이후 바이오엑스포 행사는 사건사고 없이 성공리에 마무리 되었다.

우리 삶에서도 항상 평평대로만 있는 것이 아니다 때로는 고갯길도 있고 가시밭길도 걸어야 된다. 가시밭길에 가시가 박혀 걸을 수 없다고 가던 길을 포기할 수는 없는 것이다.

비록 연습이라고 한 것이 진짜로 되었지만 어쨌든 결과는 대성공이고 이런 행사를 계기로 오송에 바이오관련 첨단의료과학단지가 되었으며 신행정 수도가 이전 되었다고 볼 수 있다. 또한 과학산업벨트도 충청권으로 오리라 본다. 만약 2002년의 바이오 열정의 피와 땀이 없었다면 바로 지금과 같은 충청신화는 이루어지지 않으리라 본다.

국장님과의 작은 인연

오 숙 영(자치행정과)

"아무것도 난 해준 게 없어 받기만 했을 뿐 그래서 미안해~" 가수 왁스의 '화장을 고치고' 가 세팅된 내 손폰이 울려서 전화를 받으려고 주섬주섬 찾았는데 내 핸드폰은 아무런 반응이 없다.

'웅??? 어디서 나는 소리지? 어머나! 국장님 벨소리가 나하고 같네!…'

아니! 나이 드신 국장님께서 '어울리지도 않게 벨소리가 젊은 사람 취향이네'

그런 생각을 했지만 겉으로는 "국장님, 참 세련 되셨네요~ 벨소리가 너무 좋아요" 라고 립서비스를 했다. 몇 년 전 소속 국장님이실 때 결재를 갔을 때 상황입니다.

우리 조직의 보통 사람은(특히 연세가 좀 있으신) 핸드폰 벨소리나 컬러링이 보통의 벨소리가 대부분이기 때문에 조금은 의외로 받아 들였던 것입니다.

나중에 국장님과 노래방을 같이 갈 기회가 있었는데 실제로 그 노래를 아주 잘 부르시고 좋아하신다고 하셨던 것 같다. 왁스의 '화장을 고치고' 는 고음처리가 많은 여성키의 노래인지라 그래도 도청 합창단원인 나 정도나 소화할 수 있는 어려운 곡인데… 이후 같은 국 소속으로 근무하면서 크고 작은 행사에서 국장님을 종종 뵈었는데 국장님께서는 사뭇 여성스러우신 면이 많으신 것 같았다. 하위직 직원들과도 스스럼없이 대화를 나누시고 또 그리 어렵지 않게 말을 붙일 수 있는 성품이셨던 것이다. 국장님께서 직접 여직원들만 따로 점심도 여러 번 사주셔서 타국 여직원들의 부러움과 국내 남자직원들이 남녀차별하신다고 원망을 한 것도 같다. 2009년 2월 15일 이었다. 매년 2월 14일은 발렌타인 데이로 일요일에 닿았던 것 같다. 과분위기와 관련된 사항이긴 하지만 직장에서 그런 날 여직원들이 초코렛을 단체로 구입해서 남자직원들과 나눠먹곤 한다. 그런데 그날은 일요일인 관계로 신경을 쓰지 않고 있었는데 평소 이따금씩 각 사무실을 순회하시는 국장님께서 그날 우리 과에 들리셨기에 인사를 드렸더니 "오숙영 어제가 무슨 날이었지?" "발렌타인 데이요" "나 초코렛 못 받았다~ 3월 14일 사탕은 없다" 하신다. 아차 설마 국장님이 그것과 연관된 발언을 하실거라고는 전혀 생각을 못했기에 기발한 대답이 나갈리가 없지 '에궁 나 참 머리도 안 돌아 간다 몰랐다고 할 것을' 그렇지만 초코렛을 받고 안 받고를 떠나서 3월 14일에 국장님께서 국 여직원 모두에게 점심을 사주셨다. 얼마나 멋지시던지! 하여서 우리국 여직원들은 답례로 4월 14일 블랙데이날 국장님께 자장면을 대접했다. 작은 관심과 핑계거리로 서로간의 격차를 없애고 소통하는 소중한 시간이 되었던 것이다. 이후 신문에 정기적으로 이런저런 여러가지 이야기들을 풀어놓으셨는데 전부는 아니었지만 대부분의 글은 읽었던 것 같다. 내용으로는 오랜 공직생활의 경험에서 얻으신 삶의 교훈이나 건강문제, 사랑하는 가족이야기가 많았던 것 같다. 이제 불과 2달여 있으시면 퇴직을 하시게 된다. 평생 공직생활의 지나온 여정을 정리하시면서 인연이 있었던 동료직원들과 함께 책을 만드신다고 하시니 다른 어떤 일보다 훨씬 의미 깊고 소중한 시간으로 기억되실 것이다. 지금은 같은 국 소속 직원이 아니기도 하고 또 어르신께 먼저 식사라도 하시자고 말씀드리는 것도 외람된 것 같아 같은 자리에서 식사한지도 오래되었다. 두어 달 전 점심에 구내식당을 가다보니 농정국 여직원들을 모두 데리고 나가시는데 아마도 오찬을 함께하시는 듯싶었다. 부러운 마음이 들어서 "저도 가면 안 될까요"? 라고 말할 뻔 했다. 국장님 퇴직 전에 아는 몇몇 직원들과 저녁약속이라도 잡아야 할까보다.

퇴직하신 이후라도 후배공무원으로써 선배공무원과 자연스런 만남이 있었으면 좋겠다는 생각은 해보지만 실천으로 이어질지는 미지수이다. 어찌보면 친정아버지 같기도 하시고 시아버님 같기도 하신 국장님께서 활짝 웃으시면 얼핏 천진무구한 해맑은 어린아이 같은 표정이 나오시는데 생각만 해도 미소가 절로 나온다. 사적인 모임을 갖고 있는 몇 년 전 퇴직하신 선배공무원 일명 하버드대학생(하버드대학생 : 하는 일 없이 버는 것 없이 바삐 드나드는 대학생)께서 인생은 70부터라고 군가 부를 때 하는 손짓까지

하시면서 바빠 행복하게 지내신다고 하시던데… 퇴직 후 행복한 삶을 보내시려면 건강이 우선이 돼야 하는 만큼 제가 작년 업무 관련 중앙 부처 워크숍에 갔을 때 들은 내용을 적어 볼 테니 이대로만 하시면 건강한 삶을 사실 수 있을 거라고 믿어보세요. 하루에 다섯 가지를 꼭 실천하셔야 한데요~

1번-------------끙가 하기

10번------------이상 밝게 웃기

100번-----------이상 박수치기

1000번----------이상 읽거나 쓰기

10000번---------이상 걷기

조금만 노력하시면 하실만한 과제지요?^^

국장님~! 감사합니다.

용 미 숙(충청북도자치연수원)

아마도, 국장님이 농정국으로 부임하고 얼마 안 돼서 일이었던 것으로 기억된다. 내가 업무를 담당하고 있는 한 농민단체에서 정기적으로 치러지는 큰 행사에 지사님 참석을 요청하였으나, 사정상 과장님이 참석하여 지사님 메시지를 전달하는 형식을 취하기로 결정하였다. 담당자 입장으로서 그 정도 규모의 행사에 과장님 선에서 참석하시는 것은 좀 소홀한 감이 없지 않았지만 사정상 어쩔 수가 없었다.

행사가 끝나고 며칠 뒤 국장님을 모시고 출장을 가게 되어 계장님과 차에서 대기하고 국장님을 기다리고 있었다. 국장님이 뒷좌석에 오르시더니, "잠깐 내 얘기 좀 들어봐" 하셨다. 이쯤 되면 내가 센스 있게 자동차 라디오를 꺼야 할 텐데 눈치가 박치라 그냥 뒤만 돌아다 보았다. 국장님께서 "라디오도 좀 꺼봐" 하셨다. 순간 나는 매우 민망했다. "지난번 농민단체 행사 때 지사님 참석이 어려우면 부지사님이라도 모시지 그랬어, 아니면 나라도 참석하게 하지 그랬어? 그런 일 있으면 앞으로 나랑 직접 상의를 해. 나 아침 회의 때 많이 혼났다." 하시며 언성 한 번 높이지 않으시며 차분히 말씀하셨다.

난 너무 죄송스러운 맘에 그렇게 된 사정조차 말씀 드리지 못하고 그냥 “알겠습니다” 라고 했다. 보통의 사람이라면 그렇게 윗분께 혼나고 싫은 소리를 들으시면 아랫사람에게 전달하는 과정에서 적잖이 짜증이나 화풀이 정도의 억양이 나올 법도 할 텐데 가장 말단 직원인 나에게까지 차분히 말씀해주신 국장님이 그저 감사할 따름이었다. 만일 그날 국장님이 화를 내고 언성을 높이셨다면 나는 과장님 선에서 참석해 메시지만 전달했던 전후 사정만을 핑계 삼아 윗분을 원망하며 억울한 맘만 표현했을지도 모르겠다. 그 이후로 나는 감사했던 국장님께 조금이라도 보답하는 맘으로 농민 단체의 여러 행사 업무를 좀 더 꼼꼼히, 세심하게 챙기려고 노력했고, 더 열심히 직장생활을 했었던 것 같다.

제3자의 입장에서는 대수롭지 않은 일이었겠지만 그날 일로 나에게는 국장님이 단지 직장상사로서의 국장님이 아닌 인간미 솔솔 넘치는 한 이웃집 아저씨 같은, 그래서 더 친근감이 가는 그런 어른이셨다. 조직생활에서 의무적인 충성심이 아닌 인정이 넘치는 그래서 행복한 직장으로 느껴지는데 직장상사의 말 한마디 한마디가 얼마나 큰 역할을 하는지 직접 깨달은 계기가 되었다. 그날일은 내 공직생활에서 영원히 기억될 것이고 앞으로의 공직생활이나 가정에서 아이들을 대할 때 어떻게 말해야 하는지 큰 교훈이 될 것이다.

국장님~ 감사했습니다.

제2의 인생에서 새로운 포부를 맘껏 펼쳐 나가시길 그래서 정말 멋진 인생이 되시길 빌겠습니다.

늘 건강하세요!!

하회탈 같은 선한 미소가 좋은 분…

윤 연 숙(농업정책과)

지금 창밖의 마른나무가지에 연초록빛의 생명이 꿈틀거리며 대자연을 흔들고 있습니다.

어느 가수는 사람이 꽃보다 아름답다고 노래하지만, 삭막했던 대지에 화려한 꽃들로 가득 메우기 시작하는 4월에게는 잠시 그 자리를 내주어야 할 것 같습니다.

실크드레스처럼 하얀 목련꽃은 솜털이 보송보송한 어린 신부의 화려한 웃음을 닮았습니다. 하지만, 화려한 신부의 미소보다 오랫동안 잊히지 않는 따스한 미소가 좋습니다.

선한 눈매, 따스한 미소가 매력인 하회탈을 닮은 분!

얼굴은 표정을 담은 그릇이라고 합니다.

평생을 걸쳐 오랜 시간동안 내 안에 숨어 있는 것들이 드러나는 것이 얼굴입니다.

30여년의 공직생활에 많은 고난과 어려움을 겪어, 힘들고 지쳤을 법도 하건만 넉넉하고 소년처럼 순수한 미소를 간직하고 있는 그 비결이 궁금해집니다.

퇴직 전까지 일복이 많으신 분!

네이버 검색에 '강길중'을 쳐보았습니다.

단양 부군수 시절 동향, 농촌 일손돕기에서 고추따기, 구제역 현장 방문, 둑 높이기 추진 브리핑, 산불방지 대책 추진…

정말 많은 공직생활의 증거들이 화면가득 몇 페이지를 메우고 있습니다.

"난 말년에 일없이 하루하루 보내는 것보다 이렇게 바쁘게 시간을 보내는 것이 더 좋다"라며 스스로를 위로하시던 분!

전국적으로 확산된 구제역과의 전쟁에서, 우리도의 구제역 종식을 위해 '야전사령관'으로 불철주야로 매진하셨던 열정은 후배 공무원들에게 훌륭한 귀감이 되었습니다.

추운 겨울에 고생하는 직원들과 함께 먹었던 조개칼국수의 시원하고 뜨끈한 국물은 움츠렸던 어깨를 펴주고 속까지 따뜻하게 해주는 최고의 밥상이었습니다.

유명한 분이 아닌 좋은 분!

세상은 모든 사람들이 알아주는 '유명한 사람' 이 되고 싶은 사람으로 가득하지만, 사회적 위치나 경제적 능력과 상관없이 별로 튀지 않고, 마음이 넓고, 정다우며, 남의 어려움을 잘 이해해 주는 '좋은 사람' 으로 기억되는 것이 수천 수만 명이 아는 유명한 사람보다 더 값지고 소중하다고 할 수 있습니다.

몇 년 전 큰 어려움으로 좌절해 있던 저에게 인생을 살다보면 누구나 힘들 때가 있는 거라며, 격려와 용기를 주셨던 인생의 선배님!

외손자 사진을 휴대폰에 찍어 보여주시며 기뻐하시는 자상한 할아버지!

파란색 펜으로 업무를 검토하고 지도해주시는 훌륭한 과외선생님!

스마트폰으로 일정을 관리하고, 메뉴얼을 공부하면서 신기해하시던 앞서가는 신세대!

화이트데이, 발렌타인 데이에 여직원 모두에게 골고루 관심을 보여주시고 돈까스, 초밥, 탕수육과 짬뽕을 함께 먹으며 특유의 유머로 식사시간 내 즐거운 분위기로 이끌어 주신 자상한 상사의 모습! 분명 모두의 가슴에 '좋은 분'으로 남아있습니다.

국장님! 인생의 긴 여로에서 잠시나마 함께 했던 시간이 너무나 소중하고, 행복했습니다.

잊혀지지 않는 이별은 이별하는 것이 아닙니다.

누군가의 가슴, 가슴마다 나눠주신 아름답고 따뜻한 기억은 오랫동안 잊히지 않을 것입니다.

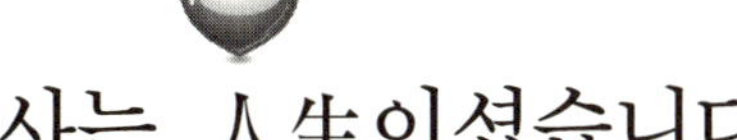

물처럼 사는 人生이셨습니다

이 강 을(농협중앙회 상무이사)

물처럼 살다가 물처럼 가는 것이 人生이라는 말을 쓸 때마다 노자의 '도덕경'에 나오는 상선약수(上善若水)라는 구절이 생각납니다. 가장 아름다운 인생을 물처럼 사는 것이란 뜻이지요. 내가 지켜본 국장님은 최소한 그런 의리를 지키신 분이란 생각입니다. 군림하려 하면 넘어질 것이고 자랑하려 하면 공은 오래가지 못하는 법이랍니다. 그냥 상대를 인정하고 가장 낮은 곳에 임하려는 모습, 즉 남들이 싫어하는 낮은 곳이 가장 높은 곳임을 일러주는 모습이었습니다.

고향 충북에서 부본부장, 지부장, 본부장의 소임을 다하면서 가까운 이웃, 친척으로 자리매김 해주신 고마운 은혜와 자비로움이 늘 기억을 새롭게 하며 용기를 주곤 했습니다. 농정국장, 행정국장을 거치며 순수와 열정을 보여 주셨고 어려울 때 다시 농정국장의 소임을 다 하시면서도 웃음과 성실을 잃지 않으셨죠. 기억에 오래가는 분은 항상 변하지 않는 절대적 마음, 상심(常心)이 있어야 함을 본보기로 실천했다고 생각합니다. 농우회의 멤버로

우정을 나누었고 농정 파트너로 최선을 다하였으며 고민과 정성을 함께 한 순간은 남이 아니셨습니다.

모 일간지 '아침을 열며' 기고문을 읽으며 순수하고 가정애적인 면을 또 느끼며 그런 분임을 되새깁니다. 글에서 밝혔듯이 모든 유인도를 섭렵하시고 명경지수의 물에 라면도 끓여 드시며 건강 등산과 뇌세포 생성 유지, 붓글씨도 폼 나게 멋들어지게 하시며 그 동안 다 드리지 못한 사모님과의 좋은 부부애 실컷 키우시기 바랍니다.

모 연구소가 CEO 대상 설문조사에서 오늘의 내가 있기까지 가장 힘이 되어준 습관이 무엇이냐는 질문을 한 결과 순망치한(脣亡齒寒)이란 사자성어를 뽑았다고 합니다. 필요하지 않은 존재가 없다는 것을 강조하는 말이랍니다. 세상에 나 혼자서 잘나서 되는 일은 없다고 합니다. 제가 오늘이 있기까지 누군가 옆에서 도와주었기 때문에 내가 이렇게 잘 될 수 있었다고 생각합니다.

국장님이 내 옆에 있기에 내 인생이 따뜻합니다.

삶의 여정 공식

이 병 민(축산과)

1

내가 물고기와 인연을 맺은 것은 금강 줄기를 끼고 자리 잡은 덕수이씨(德水李氏) 집성촌에서 또래 친구 없이 보낸 유년시절 덕분이다. 초등학교를 입학하면서 또래 친구들을 처음 만났으니까 지금 생각해도 시골도 아주 시골에서 자랐다는 것을 실감한다.

유년시절 나의 말없는 친구는 공작새의 깃털만큼이나 아름다운 색을 지닌 개울에 살고 있던 피라미, 유난히 미끄러워 맨손으로 잡기 힘든 기름쟁이(종개), 작은 인기척에도 쏜살같이 달아나는 붕어, 잡았다 놓아줘도 다시 잡히고 마는 중태기(버들개)와 뚝방 언덕배기 펑퍼짐한 검은 모자 밑에 살고 있는 검디검은 쇠똥구리였다.

맨손으로 잡은 물고기는 검정고무신에 물을 담아 그곳에 넣어두면 근사한 어항이 되곤 했다. 쇠똥구리는 좀 독특한 방법으로 만나야 한다. 검정고무신에 물을 가득 담아 쇠똥구리가 살고 있는 굴속에 부으면 어느새 녀석은 어슬렁어슬렁 밖으로 기어 나온다. 이렇게 보낸 유년시절이 물고기와의 첫 만남('97년 민물고기를 연구하는 내수면연구소 초임발령)이었던 것 같다.

고등학교('89~'91) 때는 법정 스님의 무소유(無所有)를 즐겨 읽었으며, 두툼한 스케치북에 낙서하는 것을 즐기곤 했었다. 그 사람이 무엇을 즐겨하고, 어떤 일에 관심이 있는지를 살펴보면 사람이 지니고 있는 정서가 보인다.

결국, 이런 정서가 모여 가정환경을 만들고, 어떤 삶을 살아갈 것인지를, 나이가 어느 정도 찬 사람이라면 유추가 가능할 것이다. 나도 내일 모레면 마흔을 바라보는 두 아이를 둔 한 집안의 가장이지만, 아직까지는 연륜이 짧은 탓에 어림짐작으로 가늠하지만 어느 때부터인지 이런 느낌을 중요시 여기는 버릇이 생긴 것 같다.

느낌이 통하는 사람이란, 내가 이해할 수 있는 정서의 범주에 포함된 이들로서, 생활하면서 그런 사람을 만난다는 건 내심 반가운 일이 아닐 수 없다.

'10년도 가을로 기억된다. 다슬기로 유명한 옥천(금강)으로 출장을 간 적이 있었는데, 때마침 갓 채취한 다슬기가 무척이나 싱싱해 보였다. 문득 '올갱이국 마니아' 국장님 얼굴이 생각나서 다슬기를 한 움큼 갔다드렸다.

한참 후에 안 일이지만, 올갱이국을 냉동고에 넣어두시고는 며칠 동안 드셨다는 말씀을 순수한 아이처럼 하셨던 기억이 난다.

직장 상사와 부하직원의 관계라는 것이 아무리 편하더라도 어려운 게 우리네 생활이지만, 그날의 순수한 모습은 여느 이웃집 아저씨와 다를 바 없는 편안한 모습 그 자체였다.

어느새 시간은 흘러 나도 15년차 공직 생활을 하고 있다. 국장님에 비하면 절반에도 못 미치는 세월이지만, 긴 삶의 여정에서 본다면 국장님께서 28년 전 도청에 전입하여 첫 번째 근무지가 내수면연구소 서무계장이셨다는 인연만으로도, 내가 입사하기 아주 오래 전부터 보이지 않는 인연은 이미 시작되고 있었다는 "삶의 여정 공식"이 참으로 신기하기까지 하다.

2

유년 시절 금강 지류에서 중태기와 쇠똥구리를 벗 삼아 놀던 그 아이가, 주말이면 사이클 (자전거)타기와 일상생활을 사진으로 남기며 여운이 식기 전에 촬영한 사진에 댓글(포토에세이)을 다는 것을 취미로 삼으며 생활하고 있다.

지난 주말 자전거를 함께 타는 사람에게서 "사람은 잘 변하지 않는다."는 말을 들은 적이 있다. 누구든 이 말을 듣는다면 자신이 처해있는 상황과 입장에 따라 해석이 분분할 것이다. 쉬운 말이면서도 함축된 의미가 담겨져 있기 때문에 깊게 생각하자면 심오함으로 다가오고, 유머 있게 받아드리자면 사뭇 재밌는 이야기의 소재 꺼리가 될 것이다.

지금껏 살아오면서 사람은 잘 변하지 않는다는 말에 공감한다. 그러나 가끔은 나 자신이 살았던 과거의 일기를 보면서, 주위 사람들과의 좋은 인연들로 인해서 어제 보다는 좀 더 긍정적인 모습으로 조금씩 변화되어가고 있다는 것을 직감하곤 한다.

사이클을 타고 힘겹게 100km이상의 장거리 라이딩을 해 보면 “세상에서 가장 우아한 두 바퀴! 자전거”가 내 몸과 마음의 상태를 알려주는 주치의와도 같은 존재라는 것을 알게 된다. 그래서 둥근 바퀴로 굴러가는 자전거는 삶의 이치를 알게 해주는 좋은 친구이기도 하다.

오르막(고난, 인내)을 힘겹게 오르고 나면, 그 이후에는 반드시 내리막(성취, 기쁨)이 있다는 “삶의 여정 공식”을 일깨워 주기 때문이다. 누구에겐가 자전거를 타고 늘 오르막만 오르라고 강요한다면 이렇게까지 자전거를 좋아하지는 않을 것이다. 아마도, 올라간 거리만큼 내리막이 존재하지 않는다면 그 먼 거리를 이토록 즐겁게 굴러가지는 못 할 것이다.

우리 내 삶의 여정에는 인연이라는 이름으로 많은 사람들이 등장한다. 그런 의미에서 본다면 “세상에서 가장 우아한 두 바퀴”는 “살아가는 이유”가 되고, “부드럽게 페달을 돌리는 것”은 “삶의 목표”에 비유될 법하다.

늘 살아가는 삶의 여정이 좋을 수만은 없지만 바퀴가 둥근 것처럼 마음속 "긍정의 힘"이 있어, 설렘으로 시작되는 오늘과 내일이 있지 않나 싶다.

소중한 기억들

이 상 복(농산지원과)

「부탁드립니다」는 전자메일의 제목을 보고 내용을 읽는 순간 올 상반기면 공직을 떠나신다는 것을 기고 등을 통해 익히 알고 있었기에 새삼스럽지 않은 듯 했습니다.

그러나 막상 마침표까지 읽고 나니 3개월 후면 세상에서 가장 소중한 가정의 품으로 돌아가시지만 지난해 연말 구제역으로 기제사에도 참석하시지 못하시면서 하루도 쉬시지 못하면서 구제역 방역을 위하여 선봉에서 보여주셨던 열정이 아직도 식지 않았는데 직장을 떠나실 시간이 얼마 남지 않아 직원들 간의 소중한 추억을 찾아 나서신 것이 선뜻 받아들여지지 않습니다.

그러한 가운데에도 이렇게까지 하는 생각에 직장이 아니라 제2의 가정이었구나 하는 생각을 했습니다.

그래서인지 저도 국장님의 기억에 남고 싶은 마음을 가지게 되었습니다. 그러나 마음은 굴뚝 같았지만 막상 무엇을 전해드려야 하나 하는 마음에 여러 날 고민만 하였습니다.

그러다가 혹시 집사람(김홍순)도 모셨으니 같은 마음인지 출근길 차안에서 물어보았더니, 같은 생각을 가지고 있다면서 걱정만

하고 있다며 잘 쓴 글을 원하시는 것이 아니니 저에게 글을 써보라고 하여 그렇게 하겠다는 대화를 나누고도 며칠이 지나서야 마음을 정하고 정말 편하게, 살아 있는 기억을 무삭제, real하게 전해 드려야겠다고 생각했습니다.

편집하는 것은 국장님에 대한 저의 기억을 제대로 전달해드리지 못하는 것이라 생각하면서도 왠지 좀더 잘 써보자는 욕심이 앞서서 일까요. 가장 많이 손이 간 자판이 delete key가 아닌가 싶습니다.

저는 2주에 한번 기고하시는 「아침을 열며」의 국장님 글 소재가 일상생활 속에서 겪었던 일과, 가족 간의 일화를 시간에 접목시켜 아주 맛깔나게 표현하여 누구나 그렇지 그렇겠구나 하며 공감할 수 있는 마음을 가지게 하신 것에 자신감을 가지고, 국장님께서 저희에게 원하시는 것이 국장님의 기억 저편에 있었던 일들을 남겨 달라는 주문으로 받아들였습니다.

그래서 저도 국장님과 지내왔던 일들을 소재로 한다면 소박하신 국장님께서 가져가시고 싶어 하시는 추억의 책장에 한 페이지를 장식할 수 있겠다는 생각을 하면서 썼다 지웠다를 거듭하면서 한 줄 한 줄 한 페이지를 메워 내려 가봅니다.

국장님에 대한 제 첫 기억은 집사람이 공보관님으로 모시면서 시작되어 단양 부군수님, 국방대학장기교육, 정책기획관을 두루 거쳐서 농정국장님으로 제가 모셨다가 행정국장님으로 영전하시면서 제가 시설직이다 보니 이제는 다시 모시기 어렵겠구나 하는 생각을 하였습니다.

그런데 채 1년도 지나지 않은 2010년 7월 다시 모시게 되어 선뜻 뭐라 말씀을 드리지 못하고 침묵하였던 시간도 있었습니다.

첫 번째는 얼마 전 아드님과의 대화를 소재로 하여 기고를 쓰셨던 것이 기억납니다. 부자지간이 아닌 친구같이 대화하는 것을 보고 옆에 계셨던 분이 어떻게 그렇게 편하게 대화를 할 수 있느냐는…. 그런데 지난 4월 15일 국장님을 모시고 출장을 다녀오던 길에 어디서 전화벨이 울려 전화 받으시는 모습에 저는 놀랐습니다. 들려오는 목소리로 봐서는 여성분인데 대화 내용은 사모님은 아니신 것 같고, 그렇다고 직원이 옆에 있는데 다정하게 이야기를 하시는 것으로 봐서는 친분이 두터운 친구분쯤 되시나 했는데 이야기가 어느 정도 흐른 뒤에야 따님에게 걸려온 전화인 것을 알게 되었고 전에 쓰셨던 기고가 머릿속을 스쳐 지나가며 저도 아이들에게 국장님 같으신 아버지가 되어야지 하는 생각을 가졌습니다.

둘째는 국장님 성격이 무척 급하시죠? 1분 아니 30초 간격으로 이 사람 저 사람에게 전화를 하여 자료를 요구하실 때는 국장님의 자상하신 모습이 양의 탈을 쓴 늑대가 아닌가 할 때가 여러 번 있었습니다.(^.^ 너무 심했나요)

그런데 돌이켜보면 담당자로서 당연히 준비하고 있어야 하는 것이기 때문에 그렇게 하셨겠지만 때로는 바로 조치를 하지 못하는 직원의 마음도….

셋째는 제가 국장님께 처음으로 잘못을 이실직고할 때입니다. 제가 농업정책과 6급이하 회식자리(이화식당 2008. 4월)에서 술을 마시지 않고 있을 때 국장님께서 너 왜 술 안마시냐는 말씀을 하시면서 말할 수 있는 기회를 주셔서 국장님께 저의 실수 아닌 실수를 말씀드리는 순간 이상복 너 앞으로… 그러시면서 제게 힘을 실어 주시기 위해 건배 제의하신 일과 국장님 위치에서 하시기 힘든 joke까지 하신 일이 있었습니다. 그때는 죄송한 마음보다는 고마웠다는 말씀을 이 기회를 빌어 드립니다.

넷째는 하루를 같이 보내며 국장님을 다시 생각하게 되었습니다. 저는 국장님과 처음이라 긴장도 하였고 뭐를 어떻게 해야 할지 서먹서먹한 분위기였는데, 너무 편하게 해주셔서 마지막에는 제가 너무 편하게 대하여 기분은 언짢지 않으셨는지 지금에서야 다시 한 번 묻고 싶고, 감사하다는 말씀을 드립니다.

끝으로 국장님에 대한 제 집사람의 생각까지 이 글에 모두 담아 드리고 싶었지만 글 재주가 미약하여 짧게 마무리하면서 국장님 마지막까지 업무(저수지 둑 높이기)로 부담을 드려서 죄송하다는 말씀을 드리지만, 이 책이 세상에 나오는 그날에는 모든 것이 정상화되어 있을 것이니 이제는 사모님과의 계획이 100% 실천으로 이행되기를 바라겠습니다.

추억의 책장을 넘기시다가 이 글을 보시면서 그 놈이 나를 이렇게 생각했구나 하시면서 웃음 지을 수 있었으면 좋겠습니다.

마지막까지 보여주신 열정은 후배공무원의 귀감이 될 것이며 국장님의 마지막 모습으로 저희에게 남을 것입니다.

당신께 바랍니다

이 제 승(자치행정과)

저는 보았습니다.

당신의 섬세한 감성과 따뜻한 마음으로 직원들과 소통하는 모습을,

저는 들었습니다.

당신께서 원칙을 존중하고 일에 대한 열정으로 목표를 이룬다는 것을,

저는 느꼈습니다.

당신께서 나라를 사랑하고, 직장을 사랑하고, 가정을 사랑한다는 것을…

그래서 저는 잘 알고 있습니다.

당신께서 얼마나 많은 순간 순간 나라와 직장과 가정에 의무를 다하기 위해 고민했고 때론 본의 아닌 오해와 질시로 가슴 저미는 아픔이 있었는지를…

지난 날 많은 어려움과 힘든 과정들을 슬기롭게 극복하고 여기

우뚝 서 계신 당신께 경의를 표합니다.

한 인간으로서 가정적인 의무나 사회적인 역할을 할 만큼 했으면 이제는 자기 자신을 위해 남은 세월을 활용할 줄 알아야 한다고 합니다.

저는 당신께 바랍니다.

당신이 생각하는 시간적 한계를 뛰어넘어 당신만의 모습으로 당신만의 이야기를 끊임없이 만들어 나가시기를, 아침의 긴장감을 유지하고 새로운 내일, 새로운 미래, 새로운 희망을 꿈꾸며 세상 앞에 늘 당당한 모습이기를 바랍니다.

끝으로 저의 부족한 글솜씨를 보충할 요량으로 법정스님의 '아름다운 마무리(문학의 숲)' 중에서 발췌한 글을 옮겨 봅니다.

> 아름다운 마무리는 삶에 대해 감사하게 여긴다.
>
> 내가 걸어온 길 말고는 나에게 다른 길이 없음을 깨닫고 그 길이 나를 성장시켜 주었음을 긍정한다.
>
> 자신에게 일어난 일들과 모든 과정의 의미를 이해하고 나에게 성장의 기회를 준 삶에 대해, 이 존재계에 대해 감사하는 것이 아름다운 마무리다.
>
> 아름다운 마무리는 내려놓음이다. 내려놓음은 일의 결과나 세상에서 성공과 실패를 뛰어넘어 자신의 순수 존재에 이르는 내면의 연금술이다.
>
> 아름다운 마무리는 삶의 본질적인 놀이를 회복하는 것이다.
>
> 심각함과 복잡한 생각을 내려놓고 천진과 순수로 돌아

가 존재의 기쁨을 안다.

아름다운 마무리는 지나간 모든 순간들과 기꺼이 작별하고 아직 오지 않은 순간들에 대하여는 미지 그대로 열어둔 채 지금 이 순간을 받아들인다.

아름다운 마무리는 낡은 생각, 낡은 습관을 미련없이 떨쳐 버리고 새로운 존재로 거듭나는 것이다.

그러므로 아름다운 마무리는 끝이 아니고 시작이다.

지방행정의 달인

이 종 구(자치행정과)

'50세가 되기 위해선 30년도, 40년도 아닌 50년의 세월이 필요하다'.

'이 나이를 살며 얻은 암묵지(暗默智)를 활용해 세상에 도움을 줄 수 있다' 이런 생각을 하면, 젊은 것들이 늙었다고 무시하는 눈초리를 보내와도 속으로 이렇게 웃어넘길 수 있다고 하네요.

"넌 늙어봤냐? 난 젊어봤다!"

이 말은 시니어 비즈니스 전문기업인 시니어파트너스에서 일하고 있는 김형래 상무가 쓴 '나는 치사하게 은퇴하고 싶다'에 나오는 글 중 일부입니다.

인생을 이모작, 삼모작 하면서 살겠다는 굳은 의지가 담긴 제목이라 옮겨 보았습니다.

• 1978년 7급 공채 합격, '개천에서 용 나는' 공정한 시대에 공직에 입문

• 공무원교육원총무과장, (재)오송국제바이오엑스포조직위원회 운영부장, 단양군 부군수, 충북도 공보관, 정책기획관, 농정국장,

행정국장 그리고 다시 농정국장으로…

• 33년의 당신의 공직생활은 지방행정의 달인으로 손색이 없습니다.

• 그런데 '민선5기 단행한 첫 인사에서 행정국장에서 농정국장으로 전보 발령된 강길중 국장이 사의를 표명한 것으로 알려져…'

기사를 보는 순간 마음이 답답했습니다. 어찌해야 할까?

내가 겨우 생각 한 것은 '힘 내십시오 국장님' 문자 몇 자 밖에 쓰지 못하였습니다.

그 누구보다도 가슴이 따뜻하고 부하직원을 사랑하는 분이신데 이런 분이 갑작스럽게 30여년의 공직생활을 이렇게 마무리하시면 어쩌나 하고 걱정을 많이 하였는데…

그때 정말 잘하셨습니다. 그리고 많은 난관을 극복하셨듯이 멋지게 공직마무리를 준비하고 계신 당신을 존경합니다.

그 와중에도 신문지상에 특별기고도 틈틈이 하셨죠?

너 읽어봤냐고 핀잔도 주셨는데, 대부분의 글을 읽어 보았습니다.

'퇴임 후에 책을 내시려나?' 생각했었는데, 결국 저에게도 이렇게 글을 쓰는 영광을 주셨습니다.

존경하는 선배님!

그동안 많은 상사와 선배를 만났습니다. 당신은 나에게 어떤 상사로 남을까 생각해봅니다.

다시 만나고 싶은 사람, 다시는 만나고 싶지 않은 사람, 만나도 그만 안 만나도 그만인 사람, 당신은 당연히 다시 만나고 싶은 상사님 이십니다. 언제 어디서나 만나면 스스럼없이 대화하고 싶은 당신! 자랑스러운 상사이자 선배님이십니다.

"잰걸음으로 구제역 몰아내고 퇴직 하겠습니다" 말씀하신대로 구제역도 깨끗하게 마무리 하셨습니다.

하루하루 시원섭섭한 나날이겠지만, 공직생활을 오점 없이 그것에 더하여 후배들의 칭송을 받으며 명예롭게 마무리 준비하시는 것만큼 축하받으실 일이 어디 있겠습니까.

'은퇴란 타이어를 갈아 끼우고 새롭게 달리는 것이다'라는 말처럼 행정의 달인으로서 당신의 암묵지가 우리 행정에서 발휘되는 날이 오길 기대하겠습니다.

당신이 33년의 공직생활을 뒤로하고 자연인의 일상으로 돌아가지만 그동안 긴 세월 속에 뿌려진 값진 말씀과 발자취는 후배 공무원들의 가슴속에 남아 오래도록 귀감이 될 것입니다.

국장님 사랑합니다.

진정 축배의 잔을 든 강 국장님의 미소를 생각하며

이 차 영(관광항공과장)

강길중 국장님!

늘 미소 띤 모습에서 여유로움과 사람 좋은 모습을 느낀다. 강하지 않으면서 굳건하게, 약하지 않으면서 유연하게 생각하고 행동하는 그런 분이다.

나는 도청에 근무하면서 강 국장님과 몇 차례 인연이 있었다.

우선 화양동우회 선배로서의 인연을 맺었으며, 내가 기획관실에 근무할 때 시책개발계장님으로 한 사무실에서 근무했었고, 도지사 비서실에서는 비서실장으로 직접 모시고 있었다. 그리고 행정팀장으로 있을 때 행정국장으로 모신 것까지, 그러고 보니 보통 인연은 넘는 듯싶다.

이제 6월 말이면 공직을 떠나신다니 강 국장님의 자상한 인상과 훌륭한 인품을 생각하면 많은 아쉬움이 남을 것 같다. 그렇지만 나는 그분을 작은 성공에 자만하지 않고 최선을 다한 후 마지막 축배의 잔을 든 모습으로 기억할 것이다.

며칠 전 어느 자료에서 본 기억이 난다. 2010년 3월 세계인라인스케이팅대회 2만m 결승전에서 1등으로 가던 콜롬비아 선수가 결승점을 눈앞에 두고 두 손을 번쩍 들어 승리를 환호화고 있었다. 그 순간 2위로 달리던 대한민국의 이상철 선수가 결승점을 먼저 통과하였다.

또 하나의 사례는 지금까지 히말라야산맥을 정복한 사람이 약 2,800명 정도라 한다. 이중 255명이 추락사하였는데, 정상을 밟은 직후에 가장 많은 추락사가 발생했다 한다.

우리나라 프로야구 정규리그 532경기 중 역전 경기가 325경기라 한다. 특히 9회에 가장 많은 역전경기가 만들어진다 한다.

이 세 가지 내용은 공통적으로 '역전', '자만', '때 이른 자축' 등이 함께 연상되는 것 들이다.

내가 보아 온 강 국장님은 자만과 나태, 승리감에 미리 젖어 더 큰 성취를 놓치는 그런 분이 절대 아닌 것 같다.

공직생활에서 병마와 싸우기도 하고, 어려운 여건에서도 맡은 일에 언제나 최선을 다하는 모습, 그러면서도 주변의 상하 모든 계층의 동료들과 유연하게 조화를 이루면서 생활하시는 분으로 알고 있으며, 주변에서도 그렇게 인정받는다.

공직을 마감하는 시점에서 그동안 준비해온 원고를 책자로 발간한다 하니 우선 축하드릴 일이며, 지금까지 자만하지 않고 노력해 오신 30여년 공직생활을 마무리하는 진정한 완성자의 모습으로 승리와 성취의 축배를 드시는 모습 기대합니다.

강길중 국장님!

그동안 공직생활에서 보여주셨던 강하거나 무른 모습 없이 보편적 사고를 통해 미래를 지향하는 모습에 경의를 표하면서, 더 큰 자유와 성취 속으로 들어가는 진정 축배의 잔을 드시기 바랍니다.

귀거래사

이 창 규(산림녹지과)

1.
별자리 성성하던 서른두 해 길섶에서
무심코 던져놓은 옛이야기 들려줄까
바람도 비켜선 자리 하냥 웃는 꽃처럼

2.
그 누가 나를 들어 공직의 길 세웠을까
발길 놓인 자리마다 감사의 절을 하며
한 생의 경계쯤에서 거친 숨을 고르다가

'철저를 기하겠음', '만전을 기하겠노라'
산적한 문서들에 관인 올리던 지난날들
빗장을 벗는 오늘에야 시행문을 뽑는다

3.
몇 섬의 짐을 지고 나 여기 서 있는지

강물은 주섬주섬 허튼 세월 셈을 하고
어깨가
저려올 무렵
회항의 닻을 올린다

국장님!
떠나는 길과 돌아오는 길이 어찌 다르겠습니까.
서른두 해 공직을 마감하는 아쉬운 날이지만
세월의 무게를 내려놓는 환한 꽃길 걸으소서!

내가 느낀 농정의 달마(達磨)

이 현 홍(원예유통식품과)

세월이 빠르다고는 하나 최근 들어 실감을 더하게 된다. 지난 2009년 1월 강길중 국장님이 농정국장으로 부임하면서 첫 대면하였던 때가 지금도 생생하다. 남보다 사업을 먼저 할 요량으로 FTA기금 과실생산유통지원사업 국도비 보조금 교부결정건을 전자결재로 상신하는 과정에서 나는 나름대로 서식을 작성 결재를 올렸다. 아니나 다를까, 불려 내려갔다. 그야말로 초긴장… 첫 대면이었다. 얼굴은 약간 거무스름하며, 머리숱도 어느 정도 빠진 것 같고, 약간 마른 얼굴, 전체얼굴에 비해 눈이 다소 큰, 그러면서도 눈썹이 짙고 풍요롭다.

그때나 지금이나 변함없이 같은 느낌이다. 순간 느낌은 바로 마른 "달마(達磨)"였다. 생각도 잠시 국장님은 교부결정 기안방식이 다소 아니라는 것이다. 그래도 어떡하나, 이미 엎질러진 물을… 순간 당황하였다. 당황하는 기색을 아셨는지 그냥 결재를 하셨다. 그 다음부터 나는 기안방식을 즉시 개선하였다. 벌써 2년 3개월여 전이다. 사실 국장이면 행정조직관련 공무원 입장에서 보면, 그것도 6~7급 입장에서 보면 까마득해 보이고 눈도 마주치기 어려운 위치이다.

돌이켜 보면 전자결재라는 명분으로 국장님과 제대로 정있는 대화를 나누어 보지 못했다. 그러나 나름대로 한번 국장님의 어린시절을 추측해 본다.

첫째, 초등학교 시절 자치기를 무척 즐기셨을 것이다. 자치기를 만드느라 동네주변 나무 여럿 절단했을 것이다. 자치기를 하는 시간도 아마 저녁 무렵일 것이다. 그래야 흥이 나니까.

둘째, 딱지치기와 구슬치기를 무척 잘했을 것 같다. 아마 오기와 깡다구가 있어 동네 모든 것을 다 챙겼을 것 같다. 모르긴 몰라도 시멘트 포대 종이, 골판지 등등 접을 수 있는 것은 죄다 딱지로 접었을 것 같다.

셋째, 연날리기를 좋아했을 것이다. 바람을 좋아하니까. 어떤 때는 태풍을 기다렸을 것도 같다. 대형 방패연을 만들어 놓고 기다리면서…

넷째, 비는 싫어했을 것 같다. 얼굴 모습을 보면 절대로 비를 좋아할 분이 아니다. 아니 비는 좋아하는데 비 맞기를 싫어했을 것 같다. 청승떠는 것을 좋아할 리가 없다.

다섯째, 밥을 굶지는 않았을 것이다. 그 이유는 어릴 적 밥을 굶은 사람은 대부분 얼굴이 허옇다. 나만의 통계학적으로 볼 때… 아마도 어떡하든 배는 채웠을 것 같다.

여섯째, 겨울철이면 스케이트를 무척 좋아했을 것이다. 스케이트 만들기 위한 굵은 철사나 쇠붙이를 찾느라고 엄청 고민했을 것이고 그것도 안 되면 외발 스케이트라도… 송곳감이야 산에만 가면 널려있으니. 아마 이러한 어린시절의 모습은 추측이지만 어찌 보면 지난해부터 올봄까지 퇴임 말년에 지질이 운도 없게 쌀값, 구제역에 온 세상이 시끄러울 때 묵묵히 대응하고 해결하신 국장님의 원천이 아닌가 생각해 본다. 국장님이 화를 내면, 이는 곧 나의 불찰이었다. 왜냐하면 좀 더 남을 배려하는 행정, 남의 입장에서 문서를 생산하지 못했기 때문이다. 항상 생각하고 실천하려고 노력해도 늘 부족하고 죄스러운 마음이다.

강길중 농정국장은 농정(農政)에 달마이다. 농업농촌에 대한 그리움과 미안함을 얼굴로 표현하고 있고 곁에서 지켜보면 느낄 수가 있다. 광대뼈가 다소 있으며 얼굴은 거무스름하고 눈썹은 짙고, 말씀하실 때 모습을 보면 달마대사처럼 통통한 얼굴은 아니지만 영락없는 달마다. 농정의 달마. 달마(達磨, Dalma)는 사전적 의미로 자연계의 법칙과 인간의 질서를 이르는 말, 또는 중국 남북조 시대의 양나라 승려로서 사람의 마음은 본래 청정하다는 이(理)를 깨달아야 한다고 주장하며 선종(禪宗)을 창시한 인물이다. 나는 달마에 대해서 잘 모른다. 단지 느낄 뿐이다.

돌이켜 보면 농정국장님과의 관계는 어렵고 존경스러운 관계이며 쉽게 나의 속내를 말할 수 없는 관계이다. 그러나 이 글을 통해 솔직히 표현해 보고 싶다. 과거 업무 실수로 혼난 적도 많았었고, 앞으로도 혼날 일이 많이 있지만 그래도 농정국장님을 농정의 달마로 느끼고 싶다.

이제 6월 말이면 말로 표현할 수 없는 무수한 추억들을 뒤로한 채 공직을 떠나시겠지만 내 느낌은 영원한 달마로 기억남을 것 같다. 거무스름하고 약간 마른 그러나 수줍음 많은 달마로…

2002오송국제바이오엑스포 운영부장님!!!

정 재 호(정책관리팀장)

강길중 국장님께서 이제 두 달 반 정도면 공직을 마무리하신다고 한다. 그 많은 세월동안 국장님과 도청이라는 한 울타리 내에서 생활해왔지만, 공교롭게도 내가 국장님을 모실 수 있었던 것은 2002오송국제바이오엑스포가 인연이 된 2년 정도이다. 장소도 도청 내가 아니라, 가경동에 위치한 중소기업지원센터와 주중동 엑스포 현장 천막사무실에서다. 처음에는 운영부내 운영팀원으로, 2002년 1월부터는 운영부내 수익사업팀장으로 국장님과 함께 고락을 같이 하게 되었다. 돌이켜보면, 우리보다 먼저 준비한 2002년 같은 해에 개최하게 될 광주비엔날레, 안면도꽃박람회, 삼척동굴박람회 등 타시·도의 행사는 처음부터 수익사업팀이 직제에 편제되어 진도가 한참 나간 상황이었다. 나는 겉으로 표현은 하지 않았지만 내심 걱정이 많았다. 그러나 강길중 부장님을 도와 열심히 노력하다 보면 크게 걱정할 일도 아니리라 스스로 위안을 삼아보기도 했다.

내 생각은 적중했다. 한 번도 화내지 않고 항상 미소로 부하직원을 대하시면서 어떤 업무도 절대 소홀히 다루는 법이 없는 부장님을 따르다 보니 앞에 놓여 있던 어려운 일들이 하나하나 해결되어 갔다. 사실, '생명산업'을 주제로 다소 전문적인 분야를 다루는 "2002오송국제바이오엑스포"는 관람객 유치가 큰 문제 중의 하나였다. 하지만, 학생들에게는 미래에의 꿈을 주기 위해서, 일반인에게는 생명산업의 현재와 미래를 심어주고, 전문가에게는 학술의 장을 마련해서 행사를 성공적으로 개최해야 한다는 사명감으로 부장님과 함께 우리 수익사업팀은 정말이지 열심히 뛰어 다녔다.

수익사업을 하면서 가장 고민되는 분야는 무엇보다도 관람객 편익과 먹거리를 제공하면서 수익도 올려야 하는 식음시설, 판매시설 등을 운영하는 분야였다. 일시에 몰리는 수많은 관람객들의 편익을 고려하면서도 수익을 올려야 하는 두 마리 토끼를 잡아야 하는 분야로서, 전혀 돈 버는 사업에는 경험이 없던 우리에게는 힘든 부분이 너무 많은 사업이었다. 전에 대규모 행사를 해본 경험이 있던 자치단체를 벤치마킹하면서 귀에 따갑게 들었던 '운영사업자가 장사가 안 되면 데모도 하고, 행사 중에 값싼 질로 관람객의 불만을 산다'는 얘기는 커다란 심적 부담이었다. 특히, 고급스러우면서도 맛깔난 음식을 일시에 많은 인원에게 제공해야 하고 자칫 집단 식중독으로 행사를 망칠 수도 있는 음식업은 늘 아슬아슬한 분야였다. 행사 전부터 신선한 재료가 쉽게 들어올 수 있는 동선과 식수시설 등을 점검하고, 행사 중에는 부장님과 함께 하루에도 몇 번씩 식음 판매시설을 돌아다니면서 음식재료가 신선한가, 음식을 비싸게 팔지는 않는가, 질은 괜찮은가 등을 점검하면서 업체들과 말다툼을 벌이기도 하면서 아무 탈 없이 30일간을 보냈다. 그렇게 한 달간의 행사는 끝이 났다. 고생은 했지만 보람도 있었고 무엇보다 성과도 대단했다. 30만 명에서 45만 명으로 늘려 잡았던 목표 입장객 수는 802,375명으로 178.3% 목표 달성율을 보였고, 입장권 수입 · 휘장사업 · 영업시설 임대사업 등 수익사업도 목표액 13억 원을 훨씬 넘어 40억 원이 넘는 놀라운 성과를 거두었다. 지금 생각해보면, 이와 같은 성과는 물론 조직위 직원 전원의 합심된 노력이 있어서 가능했지만, 그 중심에 강길중 부장님 아니 국장님의 합리적 리더십과 포용력이 있었기에 더욱 가능했다고 생각해 본다. 앞으로 2014년에 오송국제바이오엑스포가 다시 개최될 예정이다. KTX오송역이 개통되고, 6대 보건의료 국책기관이 오송에서 새로운 둥지를 틀고, 첨단복합산업단지가 들어서고… 2002년 보다는 훨씬 좋은 여건에서 바이오엑스포가 다시 개최될 예정이다.

그러나 우리는 전보다 몇 배, 몇십 배 나아진 환경과 여건 보다는 아마도 국장님의 경험과 노하우를 더욱 갈망하게 될 것이다. 며칠 전 국장님께서 신문에 기고하신 '퇴임 후에 하고 싶은 일'들을 하나하나 성취하시면서 후배들이 요청 드리면 즉시 달려와 우리들의 멘토가 되어 주시길 간절히 기대해 본다.

존경합니다! 국장님.

국장님! 국장님~~~~ 강길중 국장님!

조 경 순(문화예술과)

이렇게 몇 번을 되뇌어 봐도 의복이 추슬러지거나 매무새가 만져지진 않습니다. 그냥 가슴 따뜻하게 국장님의 온화하신 모습이 떠올라 입가에 미소가 번져옵니다. 처음으로 국장님을 뵐 때는 비서실장님으로 계실 때인 것 같습니다. 도청에 온 지 얼마 안 되는 8급 직원에게는 지사님의 통역을 한다는 것만으로도 머릿속이 하얗게 되고, 건들면 뚝! 하고 부서질 듯한 긴장감 속에서 치르는 거사(?) 였습니다. 다만, 지사님과 주변의 반응을 살피는 게 제가 가진 유일한 여유였습니다. 그때 국장님께서 특유의 보조개 미소를 지으시면서 '수고했어' 하며 토닥여 주신 일은 아마도 잊고 계실테지만 저는 하늘을 날아갈 듯한 자신감을 얻게 되었습니다.

이렇듯 국장님께서는 늘 직원들에게 따뜻한 여운을 남겨주시는 마력이 있으십니다. 그 뒤로 다시 정책기획관실에서 국장님을 모실 때도 때론 호되게 때론 지나치다 싶게 깐깐하게 업무를 챙기시면서도 결코 직원들에게 마음의 상처를 주지 않으셨던 국장님 덕에 저희는 행복감과 자긍심을 가졌습니다. 직원들과 허물없이 복도 자판기 앞에서 커피를 마시던 일… 직원들의 작은 기쁨에도 같이 해주셨던 일… 사모님 수술을 앞두고 걱정스러워 하시던 일…

따님 결혼을 앞두고 애잖아 하시던 일… 아드님의 공직입문을 두고 자랑스러워 하시던 일…

국장님 모습에서 우리는 정겨운 상사의 모습과 따뜻한 남편, 아빠의 가슴을 느낍니다. 며칠 전 '퇴직하고 나서 하고 싶은 일' 이라는 국장님 칼럼을 봤습니다. 국장님! 그동안 공조직에서 참모로서 속이 타는 일이 왜 없으셨겠습니까? 섭섭한 일이 왜 없으셨겠습니까? 그런 모든 감정을 미소로 답하고 감싸시느라 수고 많으셨습니다. 이젠, 이 모든 것들을 아름답게 기억해 주시고 퇴직하고 나서 하시고 싶었던 일 들을 하나 하나 이뤄 가시길 기도드립니다. 때론 차가운 조직에서의 삶이 버거워 큰 오빠가 그리워질 때 쯤이면 아무 때나 연락드리겠습니다.

그때 소주 한 잔 할 수 있도록 건강 잘 챙기시고, 저희들 잊지 말아 주세요.

끝으로 같은 헤어스타일(?)로 맺어진 또 한 분의 동생(?)도 안부 전해 달라고 하네요

늘 건강하시고 행복하세요.

만남

조 무 주(충청일보 논설실장)

좋은 사람을 만나는 것은 행복한 일이다. 느낌이 좋고 첫 인상이 좋다면 더욱 그렇다. 내가 강길중 국장님을 처음 만난 것은 그가 공보관으로 부임 했을 때였다. 물론 그 전에도 안면은 있었지만 대화를 나누고 진지하게 술잔을 기울인 것은 그때가 처음인 것 같다. 도청의 공보관은 기자들과 잘 어울려야 하므로 쉽지만은 않은 자리다. 일부 간부 공무원들은 공보관을 한사코 기피하는 사람도 있다고 들었다. 내가 객관적으로 봤을 때 강 국장님은 공보관 체질은 아닌 것 같았다. 공보관은 우선 술도 잘 마시고 기자들과 농담도 잘 주고 받고, 좋은 말로 사교성이 있는 사람이 적성이다. 그러나 강 국장은 우선 술을 못 마시는 것 같고, 온화하지만 내성적이어서 거친 기자들과 잘 어울릴 것 같지는 않았다. 공보관으로 처음 부임하면 누구나 기자들과 회식을 하는 일종의 신고식이 있다. 강 국장님이 공보관으로 부임한 지 얼마 되지 않아 그런 자리가 마련된 것 같다. 물론 나도 출입기자의 한사람으로 그 자리에 참석하게 되었다. 신고식 자리는 항상 술이 따르게 마련이고 주인공인 공보관이 술을 마시지 않을 수는 없다.

처음 몇 잔을 마신 강 국장님은 얼굴이 홍당무처럼 빨개지기 시작했다. 나도 사실은 술을 잘하지 못하기 때문에 몇 잔만 마시면 얼굴이 달아오른다. 동병상련… 그런 생각이 들었다. 그날 술잔이 이리저리 돌아가고 술 잘하는 기자들의 권유에 강 국장은 한 시간도 안 돼 완전히 녹초가 된 것 같았다. 결국 공보실 직원들의 부축을 받고 집으로 돌아갔다. 제대로 신고식을 한 것이다. 아마 강 국장님이 태어나서 가장 술을 많이 마신 것이 아닐까 생각이 됐다. 우선 나는 미안한 생각이 들었다. 출근도 못할 것이다 생각했다. 그런데 다음날 언제 술을 마셨느냐는 식으로 거뜬히 출근을 했다. 역시 정신력이 대단하다는 생각이 들었다. 전임 공보관들의 경우 신고식 후 출근을 하지 못하는 사람을 여러 번 봤기 때문이다. 이후 가능하면 나는 회식자리에서 강 국장에게 술을 권하지 않았다. 그도 나에게 술을 권하지 않았다. 그러던 어느 봄날이었다. 공보관실과 기자단이 체육대회를 마치고 회식을 같이 하게 되었다. 그날 족구 게임도 공보관실과 기자단이 주거니 받거니 하며 정말 유쾌하게 하루를 보냈다. 기분이 좋았던 나는 운동장에서 부터 술을 좀 과하게 마신 것 같았다.

강 국장님과 나는 나이가 같다. 그래서 더 친근감이 있었고 항상 친구 같다는 생각을 했다. 특히 강 국장님 부인은 고향 후배이기도 하다. 체육대회가 끝나고 회식자리에 와서 기분이 좋아진 나는 동갑내기 끼리 술을 마시자며 억지로 술을 권했던 것 같다. 그 당시만 해도 강 국장님의 건강이 좋지 않아 직원들은 감히 술을 따르지 않을 때였다. 그러나 나의 권유에 어쩔 수 없어 두어 잔을 마신 것 같다. 그는 얼굴이 빨개지고 매우 힘들어 하는 것 같았다. 못 마시는 술을 억지로 먹이는 것처럼 야속한 일이 없다는 것을 나도 잘 알고 있다. 그런데 그날 내가 왜 그랬는지 지금도 잘 모르겠다. 아마 술 기운 때문이었을 것이다. 그 날을 생각하면 지금도 늘 강 국장님께 미안하다. 이제 나도 도청 출입을 마치고 다른 곳에서 일을 하다 보니 국장님과 소원해지기는 했지만 마음 속에 항상 좋은 친구로 남아 있다. 비록 그가 공직을 떠나더라도 어디에서든 충북을 위해, 나아가 국가를 위해 봉사하는 사람이 될 것이라고 믿고 있다.

인연

조 태 희(보건환경연구원)

국장님과의 인연은 내가 도청에 들어와 가입하게 된 어느 친목 모임에서 시작되었다. 아니 그보다 더 먼저일 지도 모르겠다. 국장님은 내가 제일 존경하는 아버님과도 함께 근무하신 적이 있다 하니 그 이전부터 나와는 인연이 있는 분인지도 모르겠다. 종교도 같은 걸 보면 나와는 참 많은 인연이 있는 분이라는 생각이 든다. 국장님을 처음 뵈었을 때의 첫인상은 자상함과 온화함이었다. 온화한 모습과 후배들에 대한 자상한 배려가 매우 인상적이었다. 그러나 그때는 그냥 스쳐가는 인연일 뿐이었다. 긴밀한(?) 인연을 맺은 건 그 후 내가 농업정책과로 옮기면서였다. 작년 8월 예상하지 않았던 갑작스런 인사이동으로 나는 농업정책과로 옮기게 되었다. 농업정책과에서 나는 국 서무를 맡게 되었고 국장님을 가까이서 모시게 되었다. 국장님을 지근에서 모시면서 국장님을 더 잘, 더 많이 알게 되었다. 그래봐야 백만분의 일도 안 되겠지만 말이다. 아주 짧은 기간이었지만 내가 느낀 국장님을 아래에 간략히 적어보려 한다.

첫째 국장님은 일처리에 있어서 예리한 통찰력을 지니신 분이셨다.

내가 농업정책과에 처음 가서 맡은 업무는 예산, 회계관련 업무였다. 예산, 회계 업무는 처음이라서 늘 허둥대고 많은 실수를 했던 것 같다. 그때마다 팀장님을 통해 흐름의 맥을 짚어주시고 오류를 수정해 주셨다. 7개월여라는 아주 짧은 기간 동안 함께 근무하였지만 아주 많은 것을 배웠고 앞으로 내 공무원 생활의 큰 자산이 될 것이다.

둘째 국장님은 공무원이라는 신분에 큰 자부심을 가지고 늘 맡은 직분에 열성을 다하시는 분이셨다.

작년 11월 경북에서 구제역이 발생한 이후 전국적으로 구제역이 창궐하였다. 구제역이 발생하자 국장님은 거의 도청에서 사시다시피 하셨다. 아침 7시가 조금 넘으면 출근하셔서 전날 구제역 상황을 보고받으시고 대책마련을 위해 동분서주하셨다. 퇴근 시간은 보통 밤 10~11시였다. 물론 주말도 없었다. 토요일도, 일요일도 출근하셔서 현장을 둘러보시고 휴일에도 구제역 방역활동으로 고생하는 동료 공무원들을 격려해 주셨다.

그 연세에도 매 주말 쉬지 않고 출근하셔서 구제역 퇴치를 위해 매진하시는 모습을 보면서 많은 감동을 받았고 나도 저런 관리자가 될 수 있을까 돌아보게 했다.

마지막으로 국장님은 매우 섬세하고 따뜻한 분이셨다.

국장님께서 언제부턴가 글을 신문에 기고하셨다. 그 글을 보고 처음에 나는 글 잘 쓰는 누군가가 대신 써주는 줄 알았다. 국장님이 쓰신 글은 한 편의 시였다. 가슴이 따뜻해지는 너무 너무 멋진 글이었다. 국장님의 따뜻한 마음이 그 글들에 모두 녹아있는 것 같았다.

이제 7월이면 오랜 공무원 경험을 바탕으로 새로운 제2의 삶을 시작하실 것이다. 어떤 삶이 기다리고 있을지… 어떠한 삶이 기다리고 있던 늘 행운이 함께하셨으면… 그리고 좋은 인연들과 늘 행복하셨으면… 국장님의 보다 희망찬 앞날을 위해 힘찬 박수갈채를 보낸다. 국장님이 오랜 공직생활을 마치시고 도청을 떠난다 해도 우리들 마음속에 롤모델로 많은 가르침을 주시는 스승으로, 큰 형님으로 오래도록 남아있을 것이리라 확신한다.

고맙습니다 감사합니다 사랑합니다

한 수 환(세정과)

예년보다는 며칠 늦었지만 금년에도 여지없이 임무 완수한 봄의 전령, 목련과 개나리, 진달래의 청초한 자태는 갈수록 농염해지고 있고, 버튼만 누르면 폭발해 버릴 듯 분기탱천하던 벚꽃망울들도 일제히 환호성을 터뜨리며 도심을 와글와글 수놓고 있습니다.

일본 대지진의 여파로 닥친 방사능 공포와 감사(監查)로, 잔인한 4월을 예언한 엘리엇의 환영(幻影)이 밤마다 떠오를 것만 같은 찜찜한 4월을 보내지만 탄생과 환희, 기쁨과 생명의 계절인 새 봄이 우리들의 가슴에 벅찬 감동과 희열을 안겨주고 있는 것만은 틀림없는 사실로 보입니다.

봄 여름 가을 겨울 4순환의 각각의 계절이 색다른 옷을 갈아입으며 변화무쌍하게 바뀔 때마다 우리는 누군가를 기다리듯 설레는 마음으로 새로운 계절을 마중해 왔습니다. 그러나 제아무리 3,800cc 리무진이라 할지라도 잠깐 멈추어서 기름을 채우지 않으면 다시 달릴 수 없듯이 새봄을 다시 맞으면서 삶과 인생의 성장통이 될 잠깐 멈춤의 지혜와 미학을 되새기게 되는 것은 이 봄이 주는 또 하나의 축복일거라는 생각을 해 봅니다. 잠시 여유를 갖고 다가 올 여름과 겨울에 닥칠 뜨거운 열정과 냉혹한 현실에 어떻게 대처해 나가야 할지 한 템포 늦추고 잠깐 멈춰 서서, 자신이 품고 있는 꿈을 향해 더 큰 도약으로 비상하기를 염원한다면 이 또한 인생의 터닝포인트가 될 수도 있겠습니다. 또한, 이처럼 절묘한 조화와 하모니로 빚어내는 스스럼없는 자연의 소리와 율동과의 뜻하지 않는 대면은 우리들의 삶에 강한 힘과 의욕으로 충만 되고 있습니다.

긴 겨울의 속박을 견뎌 낸 봄꽃들의 향연을 보면서 우리는 다시 일어섰고, 정원의 느티나무 속 매미들의 우렁찬 합창소리를 들으며 긴긴 여름날의 피로도 견뎌 냈습니다. 등산길에서 만난 오색 빛나던 만추의 단풍과 호수에 잠긴 구름과 산봉우리 사이로 유유히 물살을 가르던 철새들의 행진을 보면서 지나 온 인생을 반추했으며, 영혼마저 새하얗게 순백의 눈이 온 세상을 덮는 날이면 지워진 흔적을 들추면서 선각자의 길을 간 선배 공직자들을 우리는 떠올릴 것입니다. '행복한 시간은 아무도 붙잡을 새 없이 순식간에 지나간다.'(박완서의「오래된 농담에서」)고 합니다. 함께 했던 선배와 동료들 간에 감동과 추억의 순간들로 채색된 오랜 공직생활의 체험은 그래서 더욱 소중한 행복의 군불로 추억되고 지펴질 것입니다.

옹기(김수환 추기경의 아호)의 깊은 수용의 의미를 던져 줄 사랑이 그리워지는 퇴직의 계절이 다가옵니다. 튀지는 않으면서 강

렬한 포스가 느껴지는 선홍색 사루비아 같은 열정의 공직선배가 그리워지는 퇴직의 계절이 다가오면 '고맙다'는 말을 남기고 세상을 떠나신 김수환 추기경의 마지막 감사의 말 한마디가 떠오릅니다. 더욱이 혹독한 눈보라와 칼바람을 맨몸으로 이겨내고 이 봄에 흐드러진 꽃으로 다시 태어나는 대자연의 향연을 보면서 우리는 왜 고맙고 감사해지는 마음이 도져나는지를 알게 될 거라고 믿습니다. 이 자연의 섭리에 그리고 선배와 동료들에게 "고맙습니다, 감사합니다, 그리고 사랑합니다."라고 수없이 되뇌게 될는지를 말입니다.

괴산 둔율마을 명품 올갱이 이야기

황 규 덕(충청북도내수면연구소)

올갱이를 재료로 이용하여 만든 음식으로 잘 알려진 올갱이해장국은 우리나라 어느 곳에서나 먹을 수 있는 요리 중 하나이다. 우리나라 하천 곳곳에 올갱이가 살지 않는 곳이 없는데다가 한국인의 식탁에 구수한 된장과 함께 가장 잘 어울리는 음식 중의 하나이기 때문이 아닐까. 이토록 우리나라 사람들한테 친숙한 올갱이라는 이름은 사실 충청도 지역의 사투리이고 본명(?)은 다슬기라는 아름다운 이름을 지니고 있는 생물이다. 충청도에서는 올갱이라는 이름값의 유명세 못지않게 올갱이 요리의 인기가 만만치 않다. 전국에서 가장 물이 맑고 경관이 좋은 곳으로 유명한 남한강, 금강, 달천강이 흐르고 있기 때문이며 또한 청정한 생태환경과 더불어 가장 맛좋고 품질 좋은 올갱이가 서식하며 어획되기 때문일 것이다. 이토록 올갱이국으로 유명한 다슬기가 다양한 요리재료로 이미 이용되고 있거나 요즈음 새로운 요리로 거듭날 준비를 하고 있는 것을 알 만한 사람은 다 알 것인 바, 올갱이덮밥, 올갱이수제비, 올갱이칼국수, 올갱이전골, 올갱이무침, 올갱이전, 올갱이술, 올갱이청국장, 올갱이젓갈까지 이루 다 헤아릴 수 없을 지경이고 지금 이 시간도 어느 주방장께서는 올갱이를 이용한 새로운 요리를 개발하기 위하여 목하 고민하고 있을 것이다.

일찍이 충청북도가 올갱이국의 메카라는 것을 인정할 만한 조사가 있는데 서원대 한경희 교수와 충청대 최미숙 교수가 도민 663명을 대상으로 한 '충북의 향토음식에 대한 의식 및 기호도'에서 충청북도 사람 57.6%가 올갱이국을 충북의 향토음식으로 꼽았다는 결과로 알 수 있다. 이처럼 올갱이가 대표음식인 충북도에 올갱이 이야기를 한다면 빼놓을 수 없는 테마마을이 하나 있다. 괴산지역의 달천수계에 자리한 "둔율마을" 이라는 아름다운 동네 이야기이다. 이 동네는 산책로와 더불어 나루터와 황포돛배, 물레방아, 그리고 돌무지헐어 고기잡기 등 하천을 끼고 살아가던 취락지의 우리네 옛 세시풍속을 그대로 몸으로 느낄 수 있는 그런 마을이다. 그야말로 어른들에게는 옛 향수를, 어린이들에게는 꿈과 희망을 안겨주기에 더없이 좋은 테마마을이다. 이 마을의 주인공이 바로 올갱이인데 괴산군의 "올갱이 특화사업" 지원의 일환으로 충북도내수면연구소에서는 우리고장 사람들이 가장 맛이 좋고 으뜸으로 여기는 "참다슬기"를 여러해 동안 생산하여 자원조성사업을 추진하였던 곳인 바, 이곳 칠성 둔율의 올갱이가 최근 유행하는 말로 "아이돌" 즉 "스타"로 변신 하도록 큰 힘을 부어 주신 분이 한 사람 있다. 바로 충북도청의 강길중 농정국장님이시다. 국장님의 괴산사랑은 둔율마을이 행자부로부터 "올갱이정보화마을"로 지정받아 운영되도록 하셨으며 이러한 올갱이 명품화 사업은 많은 관광객이나 학생들이 외지에서 찾아와 올갱이 잡기 등의 생태체험에서 이제는 각종 학술대회까지도 마을에서 열릴 정도라고 한다. 둔율마을과 더불어 괴산 칠성면 사은리, 외사리 등 3개리를 포함하는 '갈은권역 농촌마을 종합개발사업'은 올갱이만 스타를 만든 것이 아닌 듯하다. 최근에 갑자기 유명해진 산막이 옛길, 갈론체험관에 이르기까지 그야말로 도시민을 위한 농촌체험 마을로 거듭나게 하는데 지대한 관심과 현장지도 그리고 도움을 주신 감사의 뜻으로 마을사람들이 그 고마움을 표현하기 위하여 강길중 농정국장님께 감사패를 전달하였다는 훈훈한 소식이 들려왔다. 충북도내수면연구소에서 다슬기 연구를 맡아 몇 년간 괴산 지역 달천수계 생태복원 및 환경지킴이 역할을 자처하였던 나 역시 내수면연구소에서 충청도의 올갱이를 주제로 석사학위는 물론 박사학위까지 취득할 수 있도록 형설지공을 이끌어 주신 국장님께 본 지면을 통하여 감사하다는 말씀을 전해드리고 싶다. 그러고 보니 국장님은 충주시에서 도청으로 전입하시면서 첫 부임하여 근무하던 곳이 내수면연구소 라고 한다. 비록 농정뿐만이 아닌 행정 등 다양한 분야의 큰 틀에서 업무를 추진하셨지만 하천에서 서식하는 물속생물에 대한 관심과 함께 출발한 도정 업무의 시작은 오늘의 주인공 명품 올갱이 특산지와 아름다운 테마마을이 탄생할 수 있도록 일조하신 동기가 아니었을까.

《작품 해설》

건강한 품성(品性)과 열정적인 삶

— 강길중 에세이스트의 수필 세계

문학평론가 리 헌 석

(사)대전예술단체 총연합회 회장

1. 건강한 품성을 찾아서

수필은 진실의 문학이다. 생활의 사소한 일에서부터, 세상을 바라보는 시각, 삶을 조감하는 철학에 이르기까지 다양한 제재를 담고 있지만, 이러한 제재들을 자연스럽게 진술하거나 묘사하여 새로운 감동을 빚어내는 것이 수필이다. 수필은 자신의 고백적 성격이 강하므로 여러 편의 수필을 감상하면, 그 수필가의 진면목을 확인하게 된다. 그래서 쓴 사람의 인품이 거울에 비치는 것과 같아서, 수필집을 발간하는 작가는 옷을 벗고 세상에 나온 느낌이라고 한다. 강길중 에세이스트의 수필집 『바다 같은 삶을 꿈꾸며』에 담긴 글을 감상하면서 그와 관련한 진실, 그리고 놀랄 정도로 건강한 품성(品性)을 만난다.

그는 1952년에 충청북도 청원군 미원면 금관리에서 2남 4녀 중 4째로 태어나고 자란다. '금관리'의 〈자연부락 명칭은 '깊은 골'이라 불리는 그야말로 하늘만 빠끔하게 올려다 보이는 첩첩산골〉이다. 이곳은 〈전깃불이 들어오지 않아 선풍기나 에어컨은 구경〉도 하지 못하던 지역이고, 〈시내버스도 다니지 않아 어쩌다 타지로 나갈 일이 생기면 버스 정류장이 있는 괴산군 청천면 소재지까지 1시간 정도는 족히 걸어 다녀야 했던〉 곳이다.

그는 금관초등학교를 졸업하고, 중학교는 이웃하고 있는 괴산군 청천면에 있는 청천중학교를 졸업한다. 청주공업고등학교를 졸업하고 취업 전선에 나선 후, 군(軍) 생활을 마치고 공무원 시험에 합격하여 평생 국가 발전에 기여하던 중, 지역 신문의 칼럼 집필을 요청받는다. 〈평소에 글이라고 써본 것이라고는 축사, 격려사 말고는 글다운 글을 써보지 않는 터라 정중하게 고사〉를 하지만, 간곡한 부탁에 장기간 집필을 하게 되고, 그 글들을 모아 에세이집을 발간한다. 칼럼이라고 하면 논리 정연하게 주장하는 글인데, 강길중의 칼럼은 이러한 바탕에 서정성을 융합하여 본격 수필의 품격을 지닌다.

> ① 고등학교를 60년대 말에서 70년대 초까지 다녔다. 그 때만 해도 우리나라는 국내외 적으로 아주 어려운 시기였다는 생각이 든다. 그러기에 나온 캐치플레이스가 '조국 근대화' 였고, '새마을 운동' 이라는 것이었다. 〈중략〉 여유가 있는 집 아이들 말고는 대부분의 아이들이 대학 진학을 포기하고 조국근대화의 첨병인 기술 인력을

양성하는 실업계를 택하게 되었다. 그렇게 되면 졸업을 하고나서 바로 공장에 취직을 해 돈을 벌 수 있어 좋고, 그것이 부모님을 도와드리는 길이라는 것을 잘 알고 있었기 때문이다. 필자도 이런 이유에서 공업고등학교로 진로를 정하게 되었다.

—「나이테의 두려움」 일부

② 정향(情香)이란 결코, 재산이 많아서, 지위가 높아서, 그리고 한류(韓流) 열풍의 주인공들처럼 잘생겨서 나오는 것은 아닐 것이다. 가진 것은 많지 않지만, 지위는 높지 않지만, 잘 생기지는 않았지만 역지사지(易地思之)하는 입장에서 상대방을 배려 할 줄 알고, 마음 씀씀이나 행동을 진심으로 할 때 사람들은 자연스레 그를 믿고 따르면서 기억하게 될 것이다. 이럴 때 풍겨 나오는 향기야말로 진정한 정향으로 그 향기는 천리만리 퍼져 나갈 것이며, 이처럼 정향이 넘쳐나는 사람들이 많아질 때 우리 조직과 사회는 더욱더 건강한 방향으로 발전할 수 있을 것이다.

—「화향천리(花香千里) 정향만리(情香萬里)」 일부

③ 가쁜 숨을 어느 정도 추스르고 난 후에야 발밑에 밟혀있던 낙엽들이 시야에 들어왔다. 두 발로 살포시 밀쳐 보았다. 놀랍게도, 그 낙엽들 밑에는 마치 출격 명령만을 기다리고 있는 특수부대 요원들 같은, 노란 새싹들이 머리를 잔뜩 수그린 채 웅크리고 있었다. 언제라도 거추장스런 위장용 낙엽들을 밀어 제치고 세상 밖으로 튀어나올 준비를 하고 있었던 것이다.

—「축복(祝福)의 달 4월을 위하여!」 일부

강길중 에세이스트의 글 중에서 세 편을 선정하여 내면의 진실을 확인한다. 부모에게 효도하는 길이라 여겨 실업계 고등학교를 선택한 효심, 역지사지하는 인품, 아름다운 표현 등을 통하여 수필의 마력(魔力)에 젖게 한다.

①에서는 강길중의 가정 형편이 넉넉하지 않았다는 점, 조국근대화를 위하여 실업계 고등학교를 선택하였다는 점, 이러한 선택이 부모님을 돕는 일이라는 점을 명확하게 밝힌다. 그리하여 넉넉하지 않은 가정 형편에서도 향학의 꿈을 간직하는 '미래 지향적 성품'을 확인하게 된다. 젊은이들은 국가와 민족을 위하여 한 몸을 바칠 수 있는 용기를 지닌다. 그 역시 젊은이로서 조국 근대화의 첨병이 되고자 한 것이다. 이와 함께 그의 내면적 원형질을 확인하게 되는데, 〈졸업을 하고나서 바로 공장에 취직을 해 돈을 벌 수 있어 좋고, 그것이 부모님을 도와드리는 길〉에서 유교적 전통윤리에 투철한 인품이다.

②에서는 강길중의 지향(志向)과 주장을 분명하게 밝힌다. 꽃의 향기는 천리를 가고(花香千里), 사람의 정은 만리를 간다(情香萬里)는 현판(懸板)에서 자기 나름의 해석을 하기에 이른다. 〈꽃을 외면(外面)이라 치면, 마음의 향기는 내면(內面)dlk 할 수 있을 것이다. 즉 겉모습보다는 속마음이 더 중요하다는 뜻이 아닐까 하는 생각을 하면서 몇 번이고 몇 번이고 되뇌어 보았다. 그렇다. 사람에게서 나는 향기는 비록 눈에는 보이지 않을지 모르지만, 은은하게 코끝을 파고드는 동양란의 향기보다 더 감미로워서 그 향기가 만리를 간다고 비유적으로 표현〉하였다는 것이다. 이와

같이 인간미 넘치는 삶이 그의 지향이라 하겠다.

③에서는 강길중의 문장 구사와 표현의 특징이 확연히 드러난다. 그는 아내와 대청호 주변에 있는 양성산을 오르다가 잠시 숨을 고른다. 이때 낙엽 속에서 새싹을 발견한다. 그 새싹에 대한 비유와 상징이 신선하고 개성적이다. 그 새싹을 출격 명령을 기다리는 특수부대 요원들로 비유할 수 있는 사람은 정말 드물 것이다. 그러함에도 이와 같은 비유가 생소하지 않은 것은 작품 속에서 용해되어 하나로 모으는 그의 특별한 능력이다.

이와 같이 강길중은 자신의 삶을 칼럼 형식의 수필로 빚어낸다. 그 작품에는 그의 지향과 정서가 오롯하게 들어 있다.

2. 국리민복의 자세를 찾아서

강길중 에세이스트가 공직 생활을 시작할 때는 삶의 방편이었다고 고백한다. '국리민복(國利民福)'을 실현하겠다든가, '멸사봉공(滅私奉公)'의 공복(公僕)이 되겠다는 거창한 사명감보다는 지극히 소박하고 평범한 발상에서 시작하였다고 솔직하게 진술한다. 그러나 〈공직에 발을 들여놓은 지 금년으로 32년째〉를 맞을 때까지 자연스럽게 형성된 공직 윤리가 그를 염결(廉潔)한 봉사자로 이끌었을 것이다.

그는 〈공업입국의 기치 아래 온 국민이 잘 살아보자고 허리띠를 동여매고 새마을 노래를 부르던 그런 시절에 공업고등학교를 졸업했고, 전공을 따라 울산에 있는 기업체의 실험실에서 2년 남짓 근무하다가 군에 입대〉한다. 3년여의 군 생활이 끝나갈 때 근무하던 곳으로 복귀할까 생각을 하였으나, 적성에 맞지 않아 공무원 시험에 도전한다. 〈9급 시험을 보기에는 연령적으로 좀 늦은 감〉이 들어서 7급(당시는 4급 을류)에 도전한다. 〈책과 씨름하면서 두 번의 고배를 마신 후에야 간신히 합격〉할 수 있었다고 「공직자의 처신(處身)」에서 용기 있게 밝힌다.

그는 「20:80법칙에서 자신의 위치는?」에서 이탈리아의 경제학자 빌프레도 파레토의 이름에서 유래한 '파레토 법칙'을 설명하면서 열심히 일하는 사람이 되자고 주장한다. 파레토는 우연한 기회에 일개미들의 움직임을 유심히 살펴보고 놀라운 결과를 얻었다는 것이다. 개미의 20%가 열심히 일할 뿐이고, 나머지 80%는 적당하게 일을 하더라는 것이다. 열심히 일을 하는 20%만으로 집단을 형성해 놓았더니, 그 집단에서도 같은 20:80 비율이 되고, 나태한 80%만으로 집단화하였을 때에도 같은 비율이 되더라는 것이다.

그래서 그는 〈현재 내가 몸담고 있는 조직 내에서 내 위치는 어디쯤일까〉를 확인하고, 〈지금부터라도 보다 더 적극적인 자세〉로 조직이 발전해 나갈 수 있는 20%의 역할을 해 보도록 주문한다. 이와 같이 성실한 자세였기 때문에 그는 고위 공직에 오를 수 있었을 것이다.

① 남의 실수는 물론이고, 남이 나와 생각만 달리해도
이를 공격하고 배척하면서 자신에게는 한없이 너그러워서

거짓말과 부정한 행동을 하면서도 부끄러워할 줄 모르는 사람을 우리주변에서 찾아보기란 그리 어렵지 않은 일인 것 같다. 오히려, 타인에 대한 잣대 보다는 자기 자신에 대한 잣대를 보다 엄격하게 적용할 때 자신의 영향력이 커지고, 자신의 리더십도 더 돋보이게 된다는 사실을 명심할 필요가 있다. 그러기에, 이 덕목은 당연히 국민 모두가 실천해야 할 덕목이겠지만 〈중략〉 더 높고, 더 부유한 층에 있는 사람들이 깊이 새겨야 할 덕목이 되었으면 한다.

—「대인춘풍(待人春風) 지기추상(持己秋霜)」 일부

② 검은돈의 뒷거래가 없는, 투명한 사회가 될 때 우리나라의 국격(國格)도 자연스럽게 높아질 수 있으리라는 생각을 갖기 때문이다. 바라건대, 앞으로는 국어사전에 비자금이란 '평범한 사람들이 사랑하는 사람을 위해 조그마한 선물이라도 해줄 요량으로 남몰래 조성하는 돈' 이라고 기록되기를 진심으로 기대해 본다.

—「비자금(秘資金) 해프닝」 일부

③ 바다가 맑은 물과 더러운 물을 구분하지 않고 모든 물을 받아들이듯이, 우리의 삶도 좋아하는 사람과 미워하는 사람을 차별하지 않고 모두를 포용하고 끌어안으면서 살아갈 수는 없을까 하는 꿈을 꾸어본다.

—「바다 같은 삶을 꿈꾸며」 일부

국가와 국민에게 봉사하는 자세를 옹골차게 지탱해온 강길중은 자신에게 엄격해야 하고, 그것이 곧 공직자의 윤리라고 주장한다. 또한 공직자가 지녀야 할 청렴이라는 도덕률을 제시하고, 국민들을 대할 때는 차별하지 않기를 소망한다.

①에서는 〈남을 대할 때는 봄바람처럼 다정하게 대하고, 자신을 대할 때는 가을 서리처럼 엄격하라〉는 채근담의 명구를 예로 들면서 공무원으로서의 자세를 바로잡는다. 이는 공무원으로서의 덕목이기도 하지만, 세상의 누구에게나 적용되는 도덕률이다. 공자의 말씀 〈군자(君子)는 제 잘못을 생각하고, 소인(小人)은 남을 탓한다〉는 어록을 금언처럼 지키고자 하는 마음이 담긴 글이다.

②는 그의 염결성이 돋보이는 글이다. 온갖 부정부패의 원인이 되고 있는 '비자금'에 대하여 명징한 해석을 한다. 국어사전에는 〈기업의 공식적인 재무 감사에서도 드러나지 않고 세금 추적도 불가능하도록 특별 관리하는 부정한 자금을 통틀어 이르는 말〉로 정의되어 있다. 이를 비판하면서 그는 〈평범한 사람들이 사랑하는 사람을 위해 조그마한 선물이라도 해줄 요량으로 남몰래 조성하는 돈〉으로 국어사전에 오르기를 소망한다.

③은 포용의 자세를 일컫는다. '해불양수(海不讓水)'라는 서예작품을 통하여 너그러운 품성을 갖고자 한다. 바다는 물을 사양하지 않는다. 맑은 물이라고 환영하면서 받아들이고, 혼탁하고 더러운 물이라고 해서 물리치지 않으면서 그 어떤 물이라도 모두 받아들여 거대한 대양을 이루고 그 안에서 정화시키는 작용까지 한다는 뜻이다. 이는 곧 사람을 차별하지 않고 포용할 수 있는 인물됨을 비유하는 표현이다. 이와 같이 모든 사람을 차별하지 않고 대하는 것이 공직자의 으뜸 자세임을 환기시킨다.

이런 사례에서 보듯이 그는 국리민복을 실현하면서, 여러 사람들로부터 인정받는 공직자이고자 한다. 〈직장인에게 가장 신명나는 때가 언제인가?〉라는 설문의 4위가 '보기 싫은 상사가 출장 갔을 때'라는 대답에 충격을 받는다. 그리하여 자신도 부하 직원들이 출장가기만을 바라는 상사는 아니었는가 돌아본다. 이와 같이 자성(自省)의 자세를 유지하는 것만 해도, 그가 바른 처신의 공직자임을 알 수 있다.

3. 본질적 향수를 찾아서

강길중 에세이스트는 생명의 본질적 탐구를 작품에 담는다. 자신은 어디에서 왔는가, 자신은 무엇을 위하여 어떻게 살고 있는가, 자신이 최선을 다하여 구하는 것은 무엇인가 등에 대한 자문과 자답 등이다. 그 바탕은 고향에 대한 향수에서 비롯하여, 사람과 사람 사이에 나누는 '다정다감(多情多感)'의 정서와도 닿아 있다.

「모깃불 그을음 냄새와 어머님이 생각나는 계절」에서 〈한낮에는 바쁜 일손을 멈추고 마을 한가운데 자리 잡고 있는 커다란 느티나무 그늘 아래로 남녀노소 가릴 것 없이 옹기종기 모여들어 누군가가 방금 삶아 내온 옥수수를 먹으면서 더위를 피하곤 했었다.〉고 회상하면서 그 시절의 인정어린 정경을 음미한다. 또한 〈모깃불 그을음 냄새를 맡아가며 멍석 위에 들어 누워 풀벌레소리 벗 삼아 들려주시던 어머님의 옛날이야기〉를 꼭 한번만이라도 더 듣고자 한다. 아름다운 추억을 그리는 것 자체가 그의 서정적

지향이기도 하다.

그들 부부는 산을 오르며, 〈퇴직을 하게 되면 우리 부부는 어디서, 무엇을, 어떻게 하며 살아갈 것인지에 대한 이야기도 빠질 수 없는 단골 메뉴〉라고 한다. 〈적어도 우리 부부가 허둥지둥 바쁘게 살아온 30년 동안의 결혼생활 기록부이며, 또 앞으로 생명이 다하는 날까지 짊어지고 가야할 현실적인 이야기〉라는 데에 공감한다. 그는 또한 '산막이 옛길'을 걸으며 물의 비등점에서 새로운 의미를 깨닫는다. 〈물은 99℃에서는 끓지 않고, 반드시 100℃가 되어야 끓는다.〉는 명제에서 1℃의 놀라운 의미를 깨닫고, 그 1℃의 역할에 최선을 다하고자 한다.

> ① 우리나라 고등학교 1학년 학생들의 읽기와 수학, 과학 능력이 OECD 국가 중에서 최 상위권임은 물론, 전 세계 65개국을 놓고 보더라도 읽기 능력 2위, 수학 4위, 과학은 6위로 조사 되었다는 내용이 보도되었다. 이 얼마나 자랑스러운 일인가. 이런 결과는 누가 뭐라고 해도 우리나라 어머니들의 자식교육에 대한 열정의 결과라 해도 크게 틀리지 않을 것이다. 이렇듯 우리나라 어머니들의 자식 사랑은 끔찍할 정도로 유별나게 강했던 것 같다.
>
> —「세상의 어머니들」 일부

> ② 딸아이와 헤어진다는 것이 점점 기정사실로 굳어지면서 어느 날 문득 내 삶을 되돌아보니, 어느새 불혹(不惑)과 지천명(知天命)을 훌쩍 뛰어넘어 "생각하는 것이 원만하여 어떤 말을 들어도 곧 이해가 된다"는 이순(耳順)을 향해 숨 가쁘게 오르고 있었습니다. 그러고 보니, 코 흘리게였던 딸아이도 그 세월의 흐름만큼 자라서 우리

곁을 떠나려는 것은 어쩌면 순리인 것 같습니다.

—「사랑하는 딸에게」 일부

③ 우리 충청북도에도 특별한 해가 될 것 같다. 지금까지 이루어 놓은 성과 위에 경제특별도 신화창조의 지속추진, 청주국제공항 활성화, 오송첨복단지와 중부신도시, 그리고 기업도시의 차질 없는 추진, 경제자유구역과 태생국가산업단지 조기 지정 등 많은 도정 현안들이 성공적으로 이루어질 수 있기를 기원하면서 그렇게 될 것이라고 확신한다.

—「경인년 새해, 작지만 큰 충북 발전을 위해」 일부

우리 대한민국도 세계에서 앞서 가는 나라로 발전해 왔다. 그 바탕을 이루는 것이 바로 어머니의 정성과 노력이라는 점을 강조하고, 자녀들을 바르게 양육하는 것이 소중하다고 주장한다. 더불어 자신과 가족이 살고 있는 터전으로서의 지역 충청북도가 비약적으로 발전하여 살기 좋은 고장이 되기를 소망한다.

①에서는 생명의 근원이라 할 수 있는 '어머니'를 중심으로 진술하고, 이어서 뒤를 이은 '아내'의 동질성을 강조한다. 〈세상의 모든 어머니들은 늘 자식 걱정을 하는가 보다. 그렇게 볼 때 필자의 아내도 예외는 아닌 것 같다.〉 〈아내 역시도 영락없는 우리나라 어머니의 한 사람일 수밖에 없는가 보다.〉에서 출산(出産)과 양육(養育)을 책임지는 희생적 모성을 작품에 담는다. 이러한 모성의 대물림은 딸에게로 계승된다. 그리하여 ②와 같이 딸을 시집보내면서 갖게 된 소회를 편지글 형식으로 그려내고 있다.

③에서는 자신이 태어나고 자란 고향에 대한 무한한 사랑을 보인다. 그는 바다가 없는 지역, 산으로 둘러싸여 있는 충청북도에서 나고 자란다. 그래서 남들이 찾아가는 바닷가의 일출을 보기보다는 자기 지역에 있는 '속리산' 문장대에 올라 일출을 맞으며 새해 다짐을 한다. 〈새해 첫날 여명(黎明) 속에서 힘차게 떠오르는 태양을 보면서 간절한 소망〉을 빌며, 〈바라기만 하고 달성하고자 하는 노력을 게을리한다면 아무것도 얻을 수 없다는 것〉을 확인한다. 이와 동시에 충청북도 〈도민 모두가 편안한 마음으로 덕담을 나누면서 다른 소망을 기원하는 그런 일출보기〉가 되기를 바란다.

이와 함께 국가와 국민에 대한 바른 자세를 기원하기도 한다. 「동 일본 대지진의 교훈」에서 〈일본 국민들의 침착한 행동과 국익을 생각하는 일본 언론의 자세에 찬사〉를 보내는 언론 발표를 수용한다. 이러한 행위에서 〈일본의 시민의식은 인류의 정신이 진화한다는 진실을 보여줬다.〉고까지 찬사를 보낸다. 우리도 이와 같은 시민의식을 본받아야 한다고 강조하면서 〈수년 전 경제위기의 한파가 몰아닥쳤을 때 세계인이 놀랐던 금 모으기 운동과 서해안 기름유출 사고 때 보여준 전 국민적인 동참과 관심〉을 통하여 일본에 뒤떨어지지 않음을 확인한다. 이러한 시각이 바로 강길중이 지향하는 진정성이다.

4. 여생의 로드맵을 찾아서

강길중은 30년 가까이 성장하고 배웠고, 이후 30년을 넘게 나라에 충성하며 살아왔다. 통계상으로는 여생(餘生)을 30년쯤으로 추산할 수 있는데, 이러한 기간을 얼마나 유용하고 가치롭게 영위할 수 있느냐에 노심초사(勞心焦思)한다. 정년퇴직을 한 후에는 등산과 여행으로 지친 심신을 가다듬겠다고 말한다. 「퇴직하고 나서 하고 싶은 일」에서 〈뇌세포가 죽어가는 속도를 늦추기 위해서라도 또 하루 정도는 대학에서 운영하는 평생교육 한 강좌 정도는 듣고 싶다.〉고 밝힌다.

그 이후에는 공직에서 형성된 긍정적인 자세로 봉사에 앞장을 서고자 한다. 〈우리 주변에서도 남들이 알게 모르게 봉사 활동을 하고 계시는 분들을 많이 볼 수 있다.〉 〈어려운 처지에 있는 이웃에게 금전적인 지원을 해주는가 하면, 때로는 자신을 희생하면서 몸으로 봉사를 하기도 한다.〉 〈이처럼 자신을 버릴 줄 아는 사람들이 많은 사회는 분명 건강한 사회가 될 것이고, 그렇게 될 때 우리나라도 당당한 모습으로 선진 일류 국가 대열에 자연스럽게 합류하게 될 것〉이라고 확신한다.

농사를 짓는 분들은 배우는 시기를 1모작이라고 하고, 열심히 일하고 가족을 부양하는 시기를 2모작이라 한다. 그리고 은퇴 이후를 3모작이라고 하는데, 이때의 '로드맵'을 잘 설정하고, 이에 따라 '액션 플랜'을 치밀하게 세우는 것이 중요하다. 그래서 '꿈'을 실현하기 위하여 노력하는 자세가 요구되는 것이다.

인간에게 있어 꿈은 미래이며, 희망이고, 의미 있는 일임에 틀림이 없다. 꿈이 없다는 것은 미래가 없는 것이고, 희망이 없는 것이고, 살아 갈 의미가 없는 죽음이나 다름없는 무의미한 일일 것이다. 그러나, 꿈을 꾸는 것도 중요하지만 더 중요한 것은 그 꿈을 이루려는 노력일 것이다.

—「꿈은 이루어진다」 일부

이러한 주장의 근거로 '징기스칸'의 드라마 대사(臺詞) 〈한 사람이 꿈을 꾸면 비록 꿈에 지나지 않지만, 많은 사람이 같은 꿈을 지속적으로 꾸다보면 그 꿈이 현실로 이루어진다.〉를 인용하기도 한다. 또한 영국의 수상이었던 윈스턴 처칠의 예화와, 오 헨리의 단편소설 '마지막 잎새'에서 목숨을 걸고 잎을 그린 화가의 역작 등을 '꿈'과 관련하여 진술한다.

그는 이제 3모작의 꿈을 실현하고자 「작은 나눔과 사랑」을 가슴에 새긴다. 〈자선냄비에 기부금을 넣고 갈까 하다가 지나온 길을 되돌아서기가 썩 내키지 않아 그대로 차에 올랐다.〉 〈멀리 빨간색 구세군 자선냄비가 보였다. 반갑고 고마운 생각이 들었다.〉 〈아주 작은 정성이지만 자선냄비에 기부금을 집어넣고 나서야 앓던 이가 쏙 빠져버린 듯 마음이 한결 상쾌해지는 느낌이 들었다.〉 〈역시 사랑은 받는 것이 아니라 주는 것이라는 의미를 실감하는 하루였다.〉 등에서 섬세하고 선량한 강길중의 내면을 만나게 된다.

그는 이제 '할아버지'가 되었다. 결혼을 한 딸이 아들을 낳아서 할아버지가 되었고, 그 아기를 바라보면서 〈이제는 정말 할아버지가 되었구나〉하고 생각하지만, 그의 내면에서는 아직도 한창 일할 수 있는 청년의 기상이 분수처럼 솟구친다. 그래서 강길중의 여생은 분수보다도 아름다운 비상의 꿈을 열정적으로 실현하기 위하여, 더욱 가멸찬 삶을 유지할 것 같다. 그런 믿음으로 강길중 수필 작품 감상의 여로(旅路)를 맺는다.

바다 같은 삶을 꿈꾸며

강길중 칼럼집

발행일 | 2011년 6월 20일
지은이 | 강길중
발행인 | 李憲錫
발행처 | 오늘의문학사
대전광역시 동구 삼성1동 125-6 한밭오피스텔 401호
Tel(042)624-2980 Fax(042)628-2983
http://www.lito77.co.kr(홈페이지)
✉hs2980@hanmail.net
등 록 | 제55호(1993년 6월 23일)
ISBN 978-89-5669-438-2 03810
값 10,000원